Coleção Vértice
110

PELOS VALES ESCUROS

Conheça nossos clubes

Conheça nosso site

- @editoraquadrante
- @editoraquadrante
- @quadranteeditora
- Quadrante

WALTER J. CISZEK
com Daniel L. Flaherty

PELOS VALES ESCUROS

Tradução
Elton Mesquita

São Paulo
2018

Copyright © 2018, 1973 by Walter J. Ciszek

Esta tradução é publicada mediante contrato com a Image Books, um selo da Crown Publishing Group, divisão da Penguin Random House LLC

Capa
Camila Lavôr

Título original
He leadeth me

Dados Internacionais de Catalogação na Publicação (CIP)
(Câmara Brasileira do Livro, SP, Brasil)

Walter Ciszek, 1904-1984

Pelos vales escuros / Walter J. Ciszek, com Daniel L. Flaherty ; tradução Elton Mesquita. – São Paulo : Quadrante, 2018. (Coleção Vértice; 110)

Título original: *He leadeth me*
ISBN: 978-85-54991-21-0

1. Guerra Mundial, 1939-1945 - Narrativas pessoais - Americanos 2. Guerra Mundial, 1939-1945 - Prisioneiros e prisões - Rússia I. Daniel L. Flaherty II. Título.

18-22586   CDD 271.53

Índice para catálogo sistemático:
1. Jesuítas : História da Igreja 271.53

Cibele Maria Dias - Bibliotecária - CRB-8/9427

Todos os direitos reservados a
QUADRANTE EDITORA
Rua Bernardo da Veiga, 47 - Tel.: 3873-2270
CEP 01252-020 - São Paulo - SP
www.quadrante.com.br / atendimento@quadrante.com.br

Sumário

Prólogo 11
1. Albertyn 19
2. A decisão de entrar na Rússia 29
3. Rússia 39
4. Prisão e encarceramento 53
5. Lubianka 65
6. Os interrogatórios 83
7. Quatro anos de Purgatório 99
8. Em trânsito 115
9. O corpo 127
10. Trabalho 137
11. O sacerdócio 149
12. O apostolado 161
13. O significado da Missa 173
14. Retiros 189
15. O medo da morte 203

16. Liberdade 217
17. O Reino de Deus 229
18. Humildade 243
19. Fé 255
20. Humanidade 267
Epílogo 281

O Senhor é o pastor que me conduz,
E nada, afinal, me faltará.
Ele, em prados verdes, é meu guia,
Junto às fontes, repouso Ele me dá.
Ainda que atravesse o vale escuro,
Eu nada temerei quando ao teu lado.
Porque tu, meu Senhor, estás comigo,
Meu conforto é teu bordão, teu cajado.

Para meus amigos russos: Nikolai, Andrei, Ivan, Albert, Giorgi, Vladimir, Katia, Victor, Yekaterina. Que Ele os guie como me guiou.

E para minha irmã Helen Gearhart, bem como para o padre Edward McCawley, S. J., um amigo caro que Ele já guia.

Prólogo

Em 12 de outubro de 1963, cheguei ao Aeroporto Idlewild, em Nova York, depois de 23 anos na União Soviética, a maior parte dos quais passada na prisão ou em campos de trabalho forçado na Sibéria. Alguns dos amigos e familiares que presenciaram a cena naquele dia disseram que desci do voo de número 501 da British Overseas Airways Corporation como um novo Colombo, prestes a redescobrir a América e retomar minha vida de homem livre. Não senti nada do tipo. Tampouco sabia que fora dado oficialmente como morto em 1947 e que meus colegas jesuítas haviam oferecido Missas pelo repouso da minha alma, uma vez que todos à época acreditavam que eu tinha morrido numa prisão soviética. Sentia-me tão somente grato a Deus por ter me sustentado durante todos aqueles anos e, em sua Providência, ter me trazido de volta para casa finalmente.

Voluntariei-me para as «missões russas» pouco depois de deixar a casa dos meus pais, em Shenandoah, estado da Pensilvânia, e juntar-me aos jesuítas em 1928. Em 1929, o Papa Pio XI escreveu uma carta endereçada a todos os seminaristas, «em especial nossos filhos jesuítas», requisitando voluntários para um novo colégio que estava sendo criado em Roma com o objetivo de preparar jovens clérigos para o trabalho na Rússia. Estudei teologia lá e aprendi a celebrar a Missa no rito bizantino[1]. No entanto, depois que me ordenei, não havia forma de enviar padres para lá, de modo que fui designado para uma missão de rito oriental coordenada por jesuítas de Albertyn[2], na Polônia.

Estava trabalhando lá quando a guerra começou, em setembro de 1939. O exército alemão conquistou Varsóvia, ao passo que o Exército Vermelho tomou a Polônia oriental e Albertyn. Na confusão que se seguiu à invasão, parti para a Rússia ao lado de muitos refugiados poloneses. Disfarçado de operário, segui-os na expectativa de atender às suas necessidades espirituais. No entanto, fui incapaz de enganar a polícia secreta soviética: assim que a Alemanha invadiu a Rússia, em junho de 1941, fui detido pela NKVD, o Comissariado do Povo para Assuntos Internos, e mandado para a prisão.

Levaram-me de trem para a temida Prisão de Lubianka, em Moscou, para ser interrogado como «espião do Vaticano». Permaneci ali durante todo o período da guerra, respondendo a interrogatórios periódicos e intensos da NKVD. Então, depois de cinco anos, fui sentenciado a quinze anos de serviço nos campos de trabalho forçado na Sibéria. Com milhares de outros, colocaram-me nos mutirões que realizavam tarefas de construção ao ar livre, sob o frio extremo do

---

(1) O rito é conjunto das cerimônias que se usam na celebração da liturgia dentro de uma determinada tradição cristã. O rito bizantino originou-se em Constantinopla. (N. do E.)

(2) A cidade hoje chama-se Slonim e está situada na Bielorrússia. (N. do E.)

Ártico, ou em minas de carvão e cobre – tudo isso malvestido, mal alimentado e mal abrigado em barracões de madeira cercados de arame farpado e de uma «zona da morte». Morriam pessoas ali, especialmente as que perdiam a esperança. Eu, no entanto, coloquei minha confiança em Deus; nunca me senti abandonado ou desesperançado e sobrevivi, como muitos outros. Jamais pensei na minha sobrevivência como algo especial ou extraordinário, mas dei graças a Deus por me sustentar e preservar durante todos aqueles anos.

Quando finalmente terminei de cumprir minha pena, não me vi totalmente livre. Porque tinha sido «condenado» por espionagem, não podia sair da Sibéria e retornar para as cidades maiores da Rússia, quanto mais sair do país. Desse modo, permaneci nas aldeias e cidadezinhas da Sibéria, trabalhando, entre outras coisas, como mecânico de automóveis, até que, em 1963, fui enfim liberado, graças aos esforços da minha família, dos meus amigos e do Departamento de Estado dos Estados Unidos, numa troca por dois espiões russos condenados. Quando cheguei, meus superiores e alguns editores me convenceram de que havia bastante interesse público na história dos meus anos na União Soviética, anos em que fora verdadeiramente tido como morto. Assim, concordei em contar a história, e publiquei o livro *With God in Russia* («Com Deus na Rússia») em 1964.

Todavia, devo dizer, para ser bem sincero, que esse não era o livro que eu queria escrever. Sentia que durante aqueles anos de provação e sofrimento havia aprendido muita coisa que poderia ser de grande ajuda para outros que estivessem atravessando dificuldades na vida. Com efeito, a vida de cada um de nós encerra seu próprio quinhão de sofrimento; cada um de nós, em algum momento, pode chegar à beira do desespero, a ponto de perguntar por que Deus permite que o sofrimento e o mal esmaguem a nós ou àqueles que amamos. Pude ver muita gente sofrer nos campos e nas prisões; eu mesmo quase me desesperei. Aprendi, porém, a buscar consolo em Deus nessas horas negras e a confiar somente nEle.

Desde que regressei, a pergunta que os jornalistas e curiosos costumam fazer-me com mais frequência é: «Como você conseguiu sobreviver?». Minha resposta sempre foi a mesma: «Providência divina». Ao mesmo tempo, sempre soube que essa declaração tão simples jamais seria totalmente satisfatória nem comunicaria tudo o que eu queria dizer ao enunciá-la. Durante meus longos anos de isolamento e sofrimento, Deus me guiou rumo a uma compreensão da vida e do seu amor que apenas aqueles que passaram por uma experiência similar podem entender. Ele arrancara de mim muitos dos consolos exteriores, físicos e religiosos, com os quais as pessoas costumam contar, deixando-me por guia apenas um núcleo básico de verdades aparentemente simples. Ainda assim, que profunda diferença essas verdades fizeram na minha vida! Que força me deram! Que coragem para seguir em frente! Queria falar delas aos outros, e creio que um dos motivos que fizeram Deus, em sua Providência, me trazer de volta a salvo foi ajudar as pessoas a compreender um pouco melhor essas verdades.

Desse modo, já nas páginas daquele primeiro livro, procurei transmitir algo do que tinha aprendido e do que me parecia necessário dizer para ao menos sugerir algumas das verdades que me haviam guiado e sustentado. Eu sabia que não conseguira fazê-lo adequadamente nos limites daquelas páginas, mas fui consolado pelas muitas cartas e pelos pedidos pessoais de orientação espiritual que recebi, os quais indicavam que, de alguma forma, os leitores entenderam as entrelinhas mais do que eu havia imaginado. Foi então que soube que tinha de escrever este livro.

Ao mesmo tempo, também tinha plena ciência de que não o poderia fazer sozinho. Por mais fortes que fossem os motivos que me impeliam a escrever e o meu desejo de fazê-lo, eu sabia muito bem que meus limitados dotes de escritor não estariam à altura da tarefa. Nunca me considerei um escritor, nem jamais o farei. No entanto, a ideia da mensagem que eu precisava comunicar e compartilhar era tão forte em mim que, após dois anos de hesitação, procurei mais uma vez o Pe. Daniel L. Flaherty, S. J., que fora de grande ajuda na preparação do primeiro livro, e expliquei-lhe minhas ideias e sonhos para o segundo. Para mim, ele é mais do que um colaborador ou um excelente editor. Nestes poucos anos em que o conheço e em que trabalhamos juntos, tornou-se um de meus amigos mais próximos, quase parte de minha alma. Se ele tivesse dito não, creio que teria abandonado ali mesmo e de uma vez por todas a ideia de voltar a escrever. No entanto, ele não se recusou: antes, concordou em me ajudar novamente, e seu encorajamento revigorou meu entusiasmo.

Senti, todavia, que esse livro seria bem mais difícil de escrever, e de fato muito tempo se passou até que eu pudesse encontrar as palavras certas para o que queria expressar. Mais tempo ainda levou para Dan me compreender, uma vez que é difícil captar o espírito de outra pessoa e plasmar por escrito aquilo que a impele. De alguma forma, porém, com a ajuda de Deus, as orações de muitos amigos e a colaboração paciente de Dan, este livro finalmente tomou forma e está pronto para ser publicado – se Deus assim o quiser –, após meses de esforços persistentes. Agora que a obra foi finalmente concluída, só posso esperar e rezar para que se mostre útil ao leitor.

Desse modo, desejo aproveitar esta ocasião para expressar meu mais profundo agradecimento a todos os que de tantas maneiras me ajudaram – com orações e com apoio moral e material – a completar uma tarefa que por muito tempo temi empreender sozinho. Creio ser óbvia a extensão da minha dívida para com Dan, que me doou tanto tempo e energia para que eu realizasse aquilo que, ao meu ver, devia fazer. Também devo agradecer ao Pe. John B. Amberg, S. J., por me permitir viver na Casa Canísio, lar jesuíta para escritores localizada em Evanston, Illinois, e que tem vínculo com a Loyola University Press; ele me permitiu passar ali mais de seis meses totalmente dedicados à preparação deste manuscrito. Também estou em dívida com todos os membros da comunidade da Casa Canísio, por tolerarem minha presença e ajudarem, com sua afabilidade, a fazer da minha estada uma experiência assaz agradável e produtiva, um período do qual jamais esquecerei. Minha mais profunda gratidão se destina, é claro, aos membros do Centro João XXIII de Estudos Orientais da Fordham University, do qual sou membro. Foram eles que me permitiram deixar a comunidade por mais de seis meses a fim de me concentrar na redação deste livro. Do mesmo modo, assumiram a responsabilidade de realizar o trabalho que me cabia fazer como membro ativo da comunidade, caso estivesse presente. Meus sinceros agradecimentos, também, a Mary Helen O'Neill, pelas generosas contribuições que me deu durante o longo e difícil processo de escrita. Por fim, minha profunda gratidão aos que não foram mencionados, por toda ajuda, grande ou pequena, oferecida durante esse período. A cada um, minhas orações e meus melhores votos.

WALTER J. CISZEK, S. J.
Casa Canísio
31 de julho de 1972
Festa de Santo Inácio de Loyola

1. Albertyn

«O Exército Vermelho chegou. Eles tomaram a cidade. Os soviéticos estão aqui». A notícia espalhou o pânico pela pequena aldeia de Albertyn, na Polônia, em 17 de outubro de 1939. Eu havia acabado de celebrar a Missa e de tomar café naquela memorável manhã quando paroquianos exasperados vieram até a missão para relatar a notícia que temíamos desde que ficara claro que Alemanha e Rússia estavam dividindo a Polônia. Nossos medos tinham se tornado realidade. O Exército Vermelho estava em Albertyn.

Um após o outro, todos os paroquianos chegaram e se aglomeraram na missão para pedir meu parecer, obter conselho, buscar alguma palavra de esperança ou consolo. Estavam preocupados com suas famílias. Com seus filhos no exército polonês ou com seus maridos no governo. Com as crianças e com o que aconteceria a elas. Tentei transmitir-lhes confiança, mas o que poderia dizer? Eu não tinha respostas para suas perguntas. Ademais, como poderia tranquilizá-los quanto ao futuro, ou confortá-los no meio do tumulto que se instalara na cidade? O que poderia dizer além de que rezassem e confiassem em Deus?

Mesmo dizendo isso eu me sentia um tolo. Estava com eles havia pouco mais de um ano; fora ordenado havia pouco mais de dois. Como me senti inexperiente e imaturo diante de uma crise súbita de tais proporções! Apoiado na rotina das minhas responsabilidades de pároco, exerci meu ministério com aquelas pessoas em meio a seus problemas diários: eu as tinha ajudado e consolado, havia celebrado a Missa, levando a Eucaristia aos doentes e ministrando-lhes a unção dos enfermos. Fizera muitos amigos ali, e eles confiavam em mim, embora eu fosse jovem – um jovem americano entre eles. A guerra, porém, mudou tudo. As crises que agora enfrentavam não eram brigas de família, doenças, a morte de um ente querido... O conselho que agora queriam não dizia respeito a coisas comuns a todas as paróquias, sobre as quais todos os padres aprendem. Subitamente, nosso mundo inteiro havia mudado.

É impossível descrever a sensação que advém de um momento desses, a sensação de que, de alguma forma, num instante, tudo se transformou e nada mais será como antes. O amanhã já não será como ontem. As próprias árvores, a grama, o ar, a luz do dia – nada é mais o mesmo, pois o mundo mudou. Trata-se de uma sensação impossível de descrever, embora seja algo que toda esposa que perdeu o marido conheça bem, algo já experimentado por toda criança que se deparou com o mal pela primeira vez ou que se viu imersa numa crise súbita. Trata-se daquela sensação que faz o coração dizer: «Ah, mas se eu pudesse voltar no tempo, se nada tivesse acontecido, se eu tivesse mais uma chance...».

Meus medos eram vagos naquela manhã, embora a sensação de inadequação fosse bem real. E, logo, os medos deixaram de ser vagos e se tornaram bem reais. A prisão veio pouco depois da chegada do Exército Vermelho. Propriedades acabaram confiscadas. Incontáveis foram os interrogatórios, as ameaças e as intimidações enquanto os comunistas reuniam todos os que consideravam uma ameaça a eles ou à sua nova ordem.

Em meio a tudo isso, a própria Igreja tornou-se um alvo especial. A igreja de rito oriental da nossa missão foi fechada imediatamente. A paróquia de rito latino recebeu permissão para funcionar durante algum tempo, a fim de atender às poucas famílias que ousavam comparecer ali. O restante dos prédios da missão foi tomado pelo Exército Vermelho para abrigar as tropas. Armou-se uma campanha de propaganda contra a Igreja e contra os padres; trabalhávamos sob um assédio ininterrupto, em meio a toda sorte de incidentes. E a campanha funcionou. Mesmo os mais fiéis mostraram-se temerosos de visitar a igreja ou de consultar um padre. Os jovens afastaram-se de imediato. Os trabalhadores logo perceberam que poderiam perder o emprego se insistissem em comparecer às cerimônias religiosas. Nossa atividade sacerdotal limitou-se estritamente à igreja. Não podíamos ir até as pessoas – elas é que deviam vir até nós. Poucas ousavam fazê-lo. Em pouco tempo, nosso ministério resumiu-se a celebrar a Missa aos domingos para alguns poucos idosos. A missão jesuíta, que florescera por dez anos em Albertyn, foi destruída em questão de semanas.

Mais de uma vez, ao observar tudo isso, tive de me forçar a não ponderar a questão que teimava em retornar à minha cabeça: «Por que Deus permitia que todo aquele mal acontecesse?». Por que permitia as perseguições? Se Deus deve permitir os desastres naturais, ou mesmo as guerras, por causa da fraqueza humana, por que ao menos não permitia que seu rebanho fosse apascentado e confortado durante essas calamidades? Ele certamente poderia defender e proteger o seu rebanho em vez de deixá-lo marcado para sofrer perseguição, como era o caso. A perplexidade e a dor se intensificavam ainda mais à medida que eu via a Igreja visível, outrora forte e organizada, se dissolver sob os ataques dos invasores, à medida que via os fiéis se afastarem sob a implacável pressão da nova ordem. E o que falar dos jovens arrancados dos seus responsáveis que se viam forçados a juntarem-se aos Jovens Pioneiros ou às organizações da Komsomol[1], que aprendiam a denunciar quaisquer «desvios» dos pais em casa? Como era frustrante ouvir a Igreja, os padres e os religiosos em geral abertamente caluniados pela propaganda comunista, saber que as crianças tinham de aprender e repetir doutrinas ateias todos os dias na escola e nos deveres de casa. Como Deus poderia permitir aquilo? E por quê?

Eu não culpava o povo. Sabia que não havia perdido a fé, que apenas tinha medo de praticá-la às claras naquele momento. As pessoas vinham até mim durante a noite para perguntar como deviam se portar, se era errado cooperar com a nova ordem, se deviam permitir que seus filhos se juntassem às organizações do Komsomol, ou mesmo se eles próprios deviam entrar para os sindicatos. Por fim, tiveram de me perguntar se, dadas as circunstâncias, era errado não frequentar a igreja aos domingos e dias

---

(1) Os Jovens Pioneiros eram a organização do Partido Comunista para jovens dos 9 aos 14 anos, ao passo que o Komsomol abrangia jovens de 15 a 28 anos. (N. do E.)

santos. O que eu poderia responder? Quanto heroísmo poderia pedir a eles? O que Deus, que havia permitido que tudo aquilo acontecesse, esperava do povo simples e humilde do interior de Albertyn?

Angustiava-me que eu, um sacerdote, tivesse de me fazer essas perguntas, mas era impossível evitar. Elas invadiam minha cabeça durante as horas de oração, durante a Missa... Vinham-me ininterruptamente, dia e noite, todos os dias. Tenho certeza, ademais, de que não atormentavam somente a mim. Não se tratava de uma crise de fé, assim como não seria crise de fé se alguém as fizesse depois de sofrer uma grande perda ou experimentar uma tragédia familiar. A crise era de entendimento, e ninguém deve envergonhar-se de admitir que já sofreu com isso. Qualquer um que tenha lido o Antigo Testamento conhece essas perguntas. *Até quando se levantará o meu inimigo contra mim?* (Sal 12, 4): essa pergunta não cessa de retornar, sobretudo nos dias posteriores a Davi, na época do cativeiro, quando as glórias da era de ouro de Salomão não passavam de lembranças evocadas à margem dos rios da Babilônia e Israel encontrava-se alquebrado, conduzido para longe em ignomínia. Certamente, para Israel, aquilo deve ter parecido o fim do mundo, o fim da Aliança, o fim do zelo especial que Deus dedicava ao seu povo escolhido.

No entanto, a nossa perspectiva histórica privilegiada nos permite saber que a verdade era exatamente o contrário. As provações de Israel eram a manifestação da providência especial do Senhor, de um amor especial pelo seu povo escolhido. Como um pai terno e cuidadoso, Ele procurava desacostumá-lo da confiança em reis, príncipes, exércitos – nos poderes deste mundo, enfim. Procurava ensinar-lhe, uma e outra vez, que a fé devia ser depositada somente nEle. O Senhor guiava o seu povo em cada provação, em cada época, até a compreensão de que só Ele é fiel em todas as tribulações, de que só Ele é constante no amor, de que só a Ele devemos nos agarrar, mesmo quando parece que tudo foi virado de ponta-cabeça. Javé ainda é o Senhor que move os eventos e acontecimentos deste mundo; pode ser encontrado neles e neles deve ser buscado, para que a sua vontade seja feita. Foi Ele quem escolheu o povo, e não o povo que O escolheu. Foi Ele quem primeiro firmou a Aliança com os israelitas, quem os guiou, quem cuidou deles, quem os apascentou, alimentou e abrigou em cada tribulação. O que lhes competia na Aliança era confiar somente nEle, permanecer sempre fiéis, buscar antes o Senhor do que outros deuses, confiar nEle e não em governantes, carruagens e arqueiros. Ele era sempre fiel, e por isso também eles deveriam sê-lo, mesmo quando Deus os guiava para onde não desejavam ir, até uma terra que não conheciam ou para o exílio. Ele, afinal, os escolhera; eles eram o seu povo. Como a mãe que não esquece o filho em seu ventre, o Senhor não poderia esquecê-los, mas tampouco eles poderiam esquecer o Senhor.

Esta é uma lição difícil, e o Antigo Testamento é uma crônica das inúmeras vezes e das muitas maneiras pelas quais Deus tentou ensiná-la ao povo escolhido. Também é um registro do quão frequentemente, em épocas de paz e prosperidade, Israel acostumou-se a ser negligente para com Javé, a acomodar-se à rotina e aceitar o *status quo* como causa e finalidade de tudo, a pensar na ordem estabelecida como seu suporte e sustento, a esquecer a meta e o destino que possuía como povo da Aliança. Javé, portanto, tinha de recordar-lhe novamente – valendo-se da queda da monarquia, do exílio ou da destruição de Jerusalém – que deveria ser Ele a única fonte de esperança e o único apoio, uma vez que Ele escolhera aquele povo dentre todos os povos do mundo para ser sinal do seu poder e do seu amor, enquanto aquele mesmo povo deveria dar testemunho dEle, diante de todo o mundo, com a prova de sua confiança exclusiva no Senhor.

Seja ela fácil ou difícil, cada um de nós deve aprender essa mesma lição. Como é fácil, em épocas tranquilas, nos tornarmos dependentes das rotinas, da ordem estabelecida da nossa existência diária! Começamos a dar por certo tudo o que temos, passamos a confiar em nós mesmos e nos nossos próprios recursos, a nos acomodar neste mundo e buscar nele o nosso sustento. Com muita facilidade passamos a equiparar o nosso conforto à ideia de que tudo está bem, e assim buscamos o conforto apenas na comodidade. Estamos rodeados de amigos e posses, um dia segue o outro, e no geral gozamos de felicidade e boa saúde. Não precisamos desejar muitas das coisas do mundo – nos enamorar das riquezas, por exemplo, ou sermos avaros e cobiçosos – para obter essa sensação de conforto e bem-estar e, tomando-a como apoio, passar a negligenciar Deus. É o *status quo* que nos ampara, que nos move, e de alguma forma começamos a perder de vista o fato de que, por baixo e por trás de todas essas coisas, é Deus quem nos dá suporte e sustenta. Seguimos nosso caminho imaginando que amanhã será um dia parecido com hoje, que estaremos confortáveis no mundo que criamos para nós mesmos, seguros na ordem em que, embora imperfeita, aprendemos a viver, e pensamos cada vez menos em Deus.

É preciso, portanto, que Deus aja, irrompendo em meio à nossa rotina e recordando mais uma vez que nós, assim como Israel, dependemos dEle antes de qualquer outra coisa, que Ele nos criou e nos destinou a viver com Ele por toda a eternidade, que as coisas deste mundo e o próprio mundo não são nossa morada final, que somos dEle e devemos nos voltar para Ele, buscá-lO em tudo. E é por isso, talvez, que Ele deve permitir que o mundo inteiro seja colocado de ponta-cabeça – para nos lembrar de que aqui não é a nossa residência permanente, o nosso destino final; para nos fazer recobrar o juízo e recuperar nosso senso de valores; para que voltemos nossos pensamentos para Ele outra vez, mesmo que de início esses pensamentos estejam repletos de perguntas e reprimendas. E é por isso, também, que Ele deve nos lembrar novamente, com terrível clareza, que estava falando sério ao pronunciar aquelas palavras aparentemente simples do Sermão da Montanha: *Não vos aflijais, nem digais: Que comeremos? Que beberemos? Com que nos vestiremos? [...] Buscai em primeiro lugar o Reino de Deus e a sua justiça [...]* (Mt 6, 31.33).

Assim foi com o povo de Israel, que teve de aprender a não depositar a sua confiança em príncipes ou reinos, mas a ser fiel a Javé como Ele lhe era fiel e a depositar toda a sua confiança nEle. Assim também em toda a história do Novo Testamento. Na própria Igreja houve mudanças e tumultos, houve perseguições... Não são príncipes ou governantes, estruturas ou organizações, que sustentam a Igreja: é Deus. E em Albertyn não poderia ser diferente. Deus será constante em seu amor se ao menos O procurarmos; nos sustentará em cada tempestade se ao menos clamarmos por Ele; nos salvará se ao menos estendermos nossa mão em sua direção. Ele estará lá se ao menos nos voltarmos para Ele e somente nEle aprendermos a confiar. Os tumultos deste mundo, os tumultos da própria Igreja, não são o fim de tudo, muito menos do amor de Deus. De fato, servem como sinais que evocam seu amor e sua constância, que nos fazem voltar para Ele uma vez mais e agarrarmo-nos nEle com todas as forças enquanto todas as nossas outras seguranças desmoronam.

Assim é na nossa vida. É um triste dado da nossa fragilidade que não pensemos em Deus, que não O vejamos por trás das confortáveis rotinas da nossa existência. Somente na crise nos lembramos dEle e O buscamos, geralmente com a atitude de crianças birrentas e teimosas. É em momentos de perda, tragédia familiar ou desespero que os homens se voltam para Ele e perguntam: «Por quê?». Fazem-no quase à força, sempre e finalmente, em busca de ajuda, apoio e consolo. Misteriosamente, em sua Providência, Deus usa de nossas tragédias para recordar à natureza humana decaída a sua presença e seu amor, a constância de sua preocupação e zelo para conosco. Não se trata de uma atitude vingativa de sua parte: Ele não nos envia tragédias como punição por O termos esquecido por tanto tempo. A falha é nossa. Ele é sempre presente, sempre fiel; somos nós que não conseguimos vê-lO ou buscá-lO nas épocas de tranquilidade e conforto, que não nos lembramos de que Ele está ali, nos apascentando e protegendo, providenciando o sustento com o qual contamos e pelo qual esperamos. Contudo, à medida que os dias passam, não conseguimos nos lembrar disso, de tão confortáveis que estamos com a ordem que estabelecemos para a vida, com o *status quo*.

Foi assim em Albertyn. Quando a guerra dilacerou as

nossas vidas outrora pacíficas, pude entender mais claramente, ainda que de forma tímida, essa verdade em toda a sua terrível simplicidade: *Não vos aflijais, nem digais: Que comeremos? Que beberemos? Com que nos vestiremos? [...] Ora, vosso Pai celeste sabe que necessitais de tudo isso. Buscai em primeiro lugar o Reino de Deus e a sua justiça* (Mt 6, 31-34). No final, sobreviveríamos, muito embora o mundo ao redor tivesse mudado por completo; nós seguiríamos adiante – hoje, amanhã, depois –, juntando os cacos e trabalhando a cada dia por nosso destino eterno e nossa salvação. Haveria um amanhã em que teríamos de viver, e Deus também estaria lá. A Igreja sobreviveria, talvez não exatamente como a tínhamos conhecido na missão, mas a fé perduraria entre o povo de Deus do mesmo modo como sempre perdurara em épocas de perseguição. Uma só coisa deveria constituir a nossa preocupação em meio àquele tumulto e àquela catástrofe: permanecer fiéis a Deus e procurá-lO em tudo, confiando no seu amor e na sua constância, cientes de que aquele mundo e aquela nova ordem, do mesmo modo como o mundo e a ordem anteriores, não eram a nossa morada final, esforçando-nos sempre para conhecer a vontade de Deus e cumpri-la a cada dia de nossas vidas.

2. A decisão de entrar na Rússia

Certa noite, em meio ao tumulto da guerra que assolava Albertyn, o Pe. Makar apareceu de repente como um raio em céu claro. Makar, um georgiano traquinas com longos cabelos ondulados, nariz aquilino e olhos negros faiscantes, estudara comigo no Colégio Russo de Roma antes da guerra, e era um companheiro constante. Fora enviado por nosso superior jesuíta de Lviv, a fim de nos dizer que o bispo decidira, dadas as circunstâncias, fechar por algum tempo a missão de rito oriental em Albertyn. Nossa reunião na cidade devastada pela guerra foi bastante emotiva. O Pe. Makar me envolveu em seus braços, apertando-me com toda a força, e me deu um beijo triplo ao estilo europeu. Minha reação foi igualmente calorosa e esfuziante.

Makar, no entanto, viera com algo mais em mente além de transmitir a mensagem do fechamento da missão. Tinha pedido para ser o mensageiro porque desejava me sondar quanto à possibilidade de ir para a Rússia. Disse-me que ele e o Pe. Victor Nestrov, outro dos meus colegas de classe no *Russicum*, haviam discutido com seus superiores a possibilidade de os jesuítas acompanharem os mutirões de trabalho até a União Soviética para atendê-los em suas necessidades. O plano era bem simples. Os soviéticos vinham contratando um enorme contingente das zonas ocupadas para trabalhar nas fábricas russas perto dos Montes Urais. Também estavam reunindo todo tipo de gente suspeita e enviando para os campos de trabalho da mesma região. Makar e Nestrov falaram de forma bem simples sobre acompanhar os trabalhadores e atravessar com eles a fronteira da Rússia. Sabiam que eu desejaria me juntar a eles. Nós três fôramos apelidados por nossos colegas romanos de «os três mosqueteiros». Já naquela época, virara piada o fato de expressarmos constantemente nosso desejo de ir até a Rússia – e era essa, agora, justamente a proposta que o Pe. Makar me trazia junto com a notícia de que o bispo estava fechando a missão de rito oriental em Albertyn.

Tão logo Makar mencionou a ida à Rússia, meu coração disparou. Senti-me tão empolgado, invadido por um júbilo tão grande, que tive de me conter para não parecer tolo. «Se relaxar», pensei, «agirei que nem um bobo». Estava tão eufórico que mal conseguia falar. E, mesmo naquele momento de euforia e júbilo, tinha certeza de qual seria a minha resposta. Não tinha quaisquer dúvidas, medos, hesitações. Sabia o que faria em seguida: aquilo que eu desejara por toda a vida, aquilo para que a missão em Albertyn, na Providência divina, me preparara.

E não apenas a missão em Albertyn. Era como se a minha vida inteira, no plano de Deus, apontasse para aquele momento. Lembro-me muito vividamente daquele longínquo dia, durante o segundo ano de meu noviciado em St. Andrew, Nova York, no qual o mestre dos noviços leu para nós uma carta de Pio XI solicitando voluntários para uma nova missão russa que começara em Roma. Enquanto ele lia a carta, algo se agitava em mim. Eu mal podia esperar o fim da conferência para ir ao mestre dos noviços e me voluntariar àquele novo apostolado russo. Lembro-me de lhe ter dito: «Padre, quando o senhor leu a carta do Papa agora há pouco, foi quase como um chamado direto de Deus. Eu sabia que tinha de me voluntariar para essa missão russa. Soube desde o início! E, à medida que o senhor lia, a sensação ficou mais forte, até que no final me vi totalmente convencido de que Deus está me chamando, de que a Rússia é o meu destino segundo a Providência divina. Eu soube – creio firmemente! – que Deus me quer lá, e é para lá que irei».

É evidente que o mestre dos noviços se mostrou cético diante do entusiasmo de um noviço tão jovem. No entanto, aquela visão do chamado para a Rússia jamais me abandonou. Nunca a considerei uma ilusão, e estive sob a sua influência em todos os momentos da minha vida. Era algo intangível, ora evocado conscientemente, ora de maneira inconsciente; influenciava, porém, todas as minhas ações e era bem real. Ao meu ver, devia assemelhar-se ao chamado de Deus ao patriarca Abraão, que soube que deveria deixar os seus parentes em Ur dos caldeus e viajar até a terra que o Senhor lhe mostraria. Isso possibilitou que eu abandonasse minha família, meus amigos e meus colegas de classe jesuítas nos Estados Unidos e fosse para Roma estudar no Russicum. Estive bastante sozinho nos anos seguintes, sofrendo com a saudade de casa. Meu pai faleceu enquanto eu estava em Roma estudando, e eu não pude comparecer ao seu funeral. Quando finalmente fui ordenado, ninguém da minha família teve condições financeiras de viajar para compartilhar o momento comigo. Todavia, em todos aqueles anos, jamais vacilei na convicção de que Deus havia me chamado para as missões russas; jamais duvidei de que um dia eu O serviria lá.

Por essa razão, uma de minhas maiores decepções aconteceu logo depois de minha ordenação, quando fui informado de que era impossível enviar gente para a Rússia naquele momento. Então, designaram-me para a missão de rito oriental em Albertyn. Depois de tudo aquilo pelo qual eu havia me sacrificado, do tanto que estudara, sonhara e praticara, aquilo foi para mim uma frustração emocional, mas mesmo ali, naquele momento de decepção extrema, jamais duvidei de que era vontade de Deus que eu um dia me encontrasse na Rússia. E agora vinha Makar, querendo saber se eu estava pronto para acompanhar a ele e o Pe. Nestrov na travessia da fronteira russa! Quando me acalmei o suficiente para falar, quase gritei: «É claro, é claro! Nós vamos juntos. Chegaremos à Rússia na primavera!».

Eu estava exultante, e Makar, aquele georgiano simples e despreocupado, era a companhia ideal para o meu temperamento. Conversamos durante muito tempo; os planos que traçara eram iguais aos meus. Falamos sobre a Providência divina e sobre como ela agia de maneira misteriosa. Os exércitos russos haviam conquistado a Polônia e a missão em Albertyn, de modo que eu já estava, de alguma forma, dentro da Rússia. Se os russos vieram até mim, o que me impedia de ir até eles, mesmo que isso significasse atravessar uma fronteira proibida aos padres? Além disso, o fechamento da missão de rito oriental em Albertyn não me dispensava de qualquer responsabilidade de permanecer ali? Os refugiados precisavam de padres na Rússia, atravessar a fronteira com eles parecia bem fácil, nossa missão ali fora interrompida pelas tropas vermelhas... Era tudo tão providencial que a vontade de Deus parecia clara.

Não obstante minha empolgação, senti que aquele era um momento de crucial importância. Tratava-se de um divisor de águas, de um novo começo, uma ocasião que influenciaria toda a minha vida. Era, no entanto, tudo o que eu sempre quisera, tudo pelo qual eu esperara e sonhara desde aquele dia em St. Andrew. Mais do que nunca, tive certeza de que se tratava da vontade de Deus para mim. Assim, em meio à feliz discussão com Makar sobre nossos planos futuros, senti novamente aquele júbilo imenso, aquela paz interior profunda, aquela intensa convicção que havia experimentado quando ouvira pela primeira vez o chamado ao apostolado russo, anos atrás.

Não seria tão fácil, porém. A manhã seguinte trouxe consigo uma enxurrada de hesitações. Não teria eu deixado que meu entusiasmo por um sonho antigo passasse por cima do bom senso? Como poderia ter tanta certeza da vontade de Deus? Não estaria interpretando a presente situação como um «sinal» da Providência divina apenas porque eu queria que fosse assim? Não estaria simplesmente seguindo meus próprios desejos e fingindo que se tratava da vontade de Deus? Qualquer um que um dia tenha se deparado com questões de consciência quanto ao melhor modo de agir já passou pelo que passei ali. Qualquer jovem que tenha escutado o chamado da vocação e hesitou, questionando se o chamado era genuíno, conhece a agonia dessas hesitações e o peso que podem ter os argumentos em contrário.

A razão e as racionalizações fervilham na mente. Você se lembra das responsabilidades presentes e futuras para com a família e os amigos; recorda-se do bem que pode fazer em casa ou das outras maneiras em que é possível servir a Deus e aos homens; desconfia dos motivos que influenciam sua mente, tanto para um lado como para o outro; duvida da sua capacidade de corresponder ao chamado (e até do próprio chamado); sente medos vagos a respeito do futuro e medos bem reais de cometer um erro qualquer aqui e agora, sabendo que uma decisão tem de ser tomada e que ela supõe um compromisso que não poderá ser rescindido, que mudará todo o curso da sua vida... Homens diante da possibilidade de um emprego novo, que talvez seja melhor; mulheres a considerar uma proposta de casamento; pais de família cogitando uma mudança; jovens tentando decidir o futuro num mundo em constante transformação – todos conhecem o inquietante tumulto dos medos e das dúvidas, das razões e respostas conflitantes, que em situações tais podem afligir a mente e paralisar a vontade.

Comigo aconteceu a mesma coisa. E a dúvida mais incômoda era: não estaria eu fugindo de minha responsabilidade para com os paroquianos de Albertyn? Não seria eu o mercenário que foge e deixa as ovelhas desprotegidas na hora do perigo? É bem verdade que a missão de rito oriental estava sendo encerrada pelo bispo. No entanto, a paróquia de rito latino perdurava. As pessoas, sobretudo os mais velhos, ainda se dispunham a enfrentar a perseguição e compareceriam à Missa. Poderia haver alguém menos corajoso? A primeira obrigação de um padre não é permanecer com seu rebanho em todas as situações, sobretudo quando o perigo o ameaça? Eu estava mesmo certo de que Deus me queria Rússia adentro? Ele já não me havia posto na Rússia por assim dizer? Dava para acreditar que Deus de fato me queria abandonando aquela situação específica, as necessidades palpáveis de seu povo em Albertyn, para ir atrás de uma ilusão em terra desconhecida, entre pessoas que não tinham procurado ajuda nem me pedido para ir até elas? Como eu podia ter tanta certeza da vontade de Deus?

Essas perguntas e argumentos me torturaram. Faziam sentido lógica e espiritualmente, e eu sabia que eram mais do que meras racionalizações. A mente cria racionalizações para justificar uma decisão tomada sem motivos suficientes ou para justificar algo que sua vontade já optara por fazer. É por isso que as racionalizações são suspeitas e as motivações devem sempre ser examinadas com cautela. No entanto, os meus eram argumentos *contra* o que eu queria fazer; eram questões baseadas em fatos, na realidade – e eram argumentos válidos. Todos os que já tiveram de colocar lado a lado a escolha de determinada vocação e o chamado da família, ou mesmo o valor de alguma ação ou visão futura e a realidade implacável do presente, conhecem a força do dilema que me afligia. Abraão, chamado por Deus a deixar tudo o que conhecia e amava, instado a partir para uma terra desconhecida, tendo por motivação apenas uma vaga promessa, deve ter conhecido toda a força dos argumentos em contrário. E mais: ao ser instado por Deus a sacrificar seu filho Isaac, que representava a materialização da promessa original, como Abraão pôde ter tanta certeza da vontade de Deus? Como alguém pode ter essa certeza?

Lembro-me bem daquela crise. Eu jamais duvidara de que era vontade de Deus que eu fosse para a Rússia. Desde o dia em que ouvira o chamado pela primeira vez, aquela convicção tornou-se o centro de minha vida. Essa crença, essa fé absoluta na Providência de Deus, me sustentara em todas as dificuldades, me motivara diante de cada decepção. Eu havia sonhado com aquilo, ansiado, confiado, me entregado. Havia encontrado conforto ali... E agora me via diante de um dilema espiritual. Será mesmo que tinha tanta certeza da vontade de Deus? Ou ao menos de que a oportunidade de ir para a Rússia era a vontade de Deus para mim naquele momento?

Voltei-me para a oração, mas minha cabeça estava tão tumultuada, meu intelecto estava tão ocupado em ponderar os prós e os contras, que eu não conseguia ouvir a voz de Deus. Conversei com Makar e com o Pe. Grybowski, o único padre da missão que permaneceria em Albertyn caso eu partisse. Conversei com os paroquianos, que imploraram para eu não ir. Por fim, concluí que não podia abandonar Albertyn. Não podia abandonar uma igreja em que eu sabia que precisavam de mim. Não podia abandonar uma paróquia cujas necessidades eu conhecia tão intimamente. Não podia fugir do perigo ou da perseguição para ir atrás da visão vaga, e em grande parte idealista, de um serviço futuro numa terra distante, com um rebanho desconhecido. Deus me designara, por meio dos meus superiores, para Albertyn; ao menos isso eu sabia ter sido sua vontade. Por essa razão, eu permaneceria ali.

No entanto, apesar da minha sinceridade e da firmeza da minha convicção, voltei a perturbar-me assim que tomei a decisão. Não sentia paz, alegria ou tranquilidade no coração por ter finalmente resolvido o problema. A oração se tornou difícil, quase impossível. Senti que minha fé se enfraquecera, que havia tomado minha decisão ouvindo antes a voz da razão do que a voz de Deus. Vi-me aturdido pela sensação de que havia interrompido o padrão que dominara a minha vida até aquele momento. Afinal, aquela decisão contrariava a maneira como eu sempre experimentara e interpretara a ação da Providência na minha vida, o modo como eu sempre me esforçara por ver a vontade de Deus em tudo e segui-la. Mais importante ainda, no entanto, era a perda daquela profunda sensação de paz interior, daquele sentimento de alegria e entusiasmo, daquele forte espírito de fé na presença de Deus em minha vida, que sempre fora parte integrante da minha espiritualidade.

Por conseguinte, fui mais uma vez levado a reconsiderar a decisão de continuar em Albertyn. Rezei para permanecer totalmente aberto à Providência divina, para confiar apenas nEle, para estar, assim como Abraão, preparado para seguir seu chamado, não importando aonde Ele me levasse, sem pensar em mim, sem dar ouvido a quaisquer dúvidas ou motivações pessoais. Queria viver totalmente aberto à vontade de Deus, ouvir sua voz e deixar o ego de fora. Foi essa a minha prece em busca de orientação. Logo, senti-me novamente inundado por aquela sensação de paz, por aquele sentimento de júbilo, por aquela confiança na fé simples e direta que expressamos ao confiar nEle e apenas nEle. Experimentei, ali, o que ouvira dos meus diretores espirituais ou lera nos livros, mas jamais havia compreendido por completo: que a vontade de Deus pode ser discernida pelos frutos do espírito por ela produzidos; que a paz na alma e a alegria no coração são dois desses sinais, desde que não se baseiem nos desejos do eu, mas venham de um compromisso pleno e de uma abertura exclusiva a Deus; que a validade de um chamado pode ser verificada – trate-se do chamado da vocação ou de algum desdobramento novo dentro dele – segundo os movimentos da alma que o acompanham; que os movimentos da graça de Deus sempre devem ser aceitos e compreendidos à luz da vida de fé, uma vez que, no fim das contas, a verdade de cada ação misteriosa da graça é discernida à luz da própria fé, e não da razão e do intelecto.

Existem movimentos da alma que são mais profundos do que as palavras podem descrever e mais poderosos ainda do que qualquer razão. Permitem ao homem saber, para além de qualquer dúvida, questionamento ou discussão, que *digitus Dei est hic*, isto é, que o dedo de Deus está aqui – e o nome dessa realidade é graça. Deus *realmente* inspira os homens com a sua graça, eleva os corações, ilumina a mente e conduz a vontade. A fé é necessária para aceitar essa realidade, mas trata-se de uma *realidade* ainda assim. Nenhuma lógica e nenhuma das arrazoadas explicações dos teólogos servirão para convencer os que não têm o dom da fé dessa realidade, mas não obstante o que temos *é* uma realidade. Se meu testemunho serve para alguma coisa, é para demonstrar isto: que somente na decisão de ir para a Rússia eu encontrei a alegria e a paz interior que marcam a verdadeira intervenção de Deus na alma. Decidi-me, pois: iria para a Rússia.

3. Rússia

«Veja, Nestrov», eu disse. «Veja o rico solo negro pelo qual estamos passando. Parece que não tem fim». Então, subitamente, dei um grito: «Veja a placa que acabou de passar! É a da fronteira da Rússia». Ergui-me de um salto do banco de madeira do vagão onde estava sentado e gritei para todos ouvirem: «Estamos na Rússia!».

Imediatamente, todos no vagão se levantaram. Aglomeraram-se na entrada, espiando entre as tábuas laterais, olhando para a placa que diminuía de tamanho à medida que o lento trem avançava. Não obstante as instalações apertadas, todos sentiram o espírito renovado e, com os rostos iluminados, começaram a trocar tapinhas nas costas. Alguém começou a cantar. Eu, porém, permaneci em silêncio, contemplando o rico solo russo pela primeira vez, extremamente comovido. Depois de algum tempo, voltei-me para o Pe. Nestrov e falei, baixinho: «O que foi que eu disse? A Rússia na primavera!». E acrescentei depois, em tom reflexivo: «Hoje é dezenove de março, dia de São José».

Nestrov e eu nos olhamos em silêncio por um bom tempo. Não havia como saber o que o futuro nos traria, mas pelo menos estávamos fazendo aquilo que por tantos anos sonháramos realizar, aquilo que tantas vezes discutíramos quando estudantes em Roma, aquilo que tão cuidadosamente planejáramos nos últimos meses em Lviv. Pouco importava que ninguém mais naquele vagão soubesse que éramos padres. Nós sabíamos. Para eles, eu era Wladimir Lypinski, um polonês cuja família fora dizimada em um ataque aéreo alemão. Cruzar a fronteira da Rússia me impregnou de uma sensação estranha de entusiasmo, mas também de solidão, da impressão de estar passando por um começo e um fim. Mesmo a terra parecia diferente – aquela vasta imensidão da Ucrânia, com trechos aparentemente infinitos de terra cultivada erguendo-se de vez em quando por entre suaves colinas e pastos.

O entusiasmo dos outros no vagão era contagiante e tinha muitas causas. Para começar, significava que estávamos chegando ao fim da nossa viagem dentro do apertado e tosco vagão 89725. Éramos 25 pessoas ali no início da viagem, mas outros operários se tinham juntado a nós, amontoando-se a cada parada. Ao longo da parede, o vagão gozava de duas fileiras de bancos de madeira bruta; havia ainda palha jogada pelo chão e um ventilador no teto. Fora isso, os únicos itens de mobília consistiam em um velho tambor de óleo perfurado que servia de fogão e um balde que servia de banheiro. Fôramos contratados pela Lespromhoz, um grande conglomerado madeireiro soviético que necessitava de trabalhadores na região dos Montes Urais. Estavam ansiosos por mão de obra barata, sobretudo aquela dos refugiados das terras ocupadas pelo Exército Vermelho. Fizeram, pois, poucas perguntas. A maioria das pessoas do nosso vagão eram judeus que tinham fugido antes do avanço nazista na Polônia. Famílias inteiras estavam no trem – avôs, avós, pais, mães e filhos. Arrancados de suas terras depois de gerações, agora carregavam, como todos os refugiados de todas as regiões, tudo o que possuíam nas costas, buscando uma nova vida em terra estrangeira. Ao longo das duas semanas daquela viagem intermitente e sacolejante, falaram horas sobre os lares que haviam abandonado e sobre suas esperanças. Juntos, conversamos sobre as oportunidades que esperavam por nós nos Urais.

Desse modo, para todos nós, atravessar a fronteira da Rússia tinha um significado especial. No caso de Pe. Nestrov e eu, tratava-se da realização de um sonho. Para Franck, judeu de Varsóvia com quem eu e Nestrov fizéramos amizade na viagem, acontecia o mesmo. Ele era um comunista que fugira de Varsóvia antes da conquista pelos alemães. Decidira, então, levar a família – esposa, um filho de dez anos e um sobrinho – para viver no paraíso sobre o qual tanto havia lido na literatura comunista. Todos os outros ocupantes do vagão certamente tinham suas razões para sentir a alegria que nos inundou quando atravessamos a fronteira. Quanto a mim, jamais me esquecerei daquela sensação. Tratava-se do entusiasmo natural de ter alcançado uma meta, ao qual se misturavam uma profunda paz e alegria interiores. Entusiasmo e esperança se mesclavam à súbita compreensão de que agora eu estaria completamente separado de quem me apoiara até ali – de meus colegas e superiores jesuítas, da minha família, da Igreja visível, do poder do governo dos Estados Unidos, que poderia me proteger em caso de problemas sérios... Por um momento pensei, com tristeza e mágoa, na possibilidade de nunca retornar para a Europa, para os Estados Unidos, para

Shenandoah. No entanto, tive a forte certeza de que não estava separado de Deus, de que Ele estava comigo e de que agora dependia dEle de uma forma nova e muito real. Quando me dei conta disso, meu espírito se elevou e meu coração, em júbilo, passou a bater um pouco mais rápido, ao mesmo tempo que me juntava à celebração geral no vagão por motivos que só diziam respeito a mim.

Nossa chegada às cidades madeireiras de Tchussovoi e Tyoplaya Gora, nos Urais, logo pôs fim à euforia. Chovia quando chegamos lá com os ossos doloridos, já desprovidos havia muito dos víveres que leváramos conosco para a viagem. Famintos, tivemos de esperar de pé na chuva enquanto um representante da Lespromhoz fazia as devidas verificações, e então seguimos lentamente pela lama até um acampamento localizado a um quilômetro e meio da cidade. Nesse acampamento, os barracões eram novos e rústicos. Muitos trechos nos quais a madeira da parede envergara haviam sido preenchidos com lama e estuque. O trabalho para o qual fomos designados era árduo. Em grupos formados por homens e mulheres, carregávamos troncos desde o rio e os empilhávamos em fileiras de quase dois metros de altura e trinta de comprimento. A remuneração era ruim e dependia de quantos metros cúbicos de madeira empilhávamos por dia. Os recém-chegados, obviamente, não eram muito bons no serviço, e por isso ganhavam bem pouco. Nestrov e eu, por exemplo, juntávamos nossos salários para comprar comida, mas às vezes só possuíamos o suficiente para um pão de centeio. Havia noites em que não tínhamos nem para isso, pois também precisávamos pagar pela acomodação no barracão, o que era descontado antes mesmo de recebermos o contracheque. Nosso amigo

Franck, que sonhava com um paraíso de trabalhadores, ficou em choque com tudo aquilo.

Pe. Nestrov e eu também estávamos decepcionados. Não com o esforço físico assaz desgastante, ou com o desconforto que não cessava, o alojamento horrível, a falta de privacidade, a fome dolorosa... Tudo isso era difícil de suportar, mas o teríamos tolerado de bom grado se houvéssemos cumprido o que queríamos ao ir para a Rússia. A ficha mais impactante a cair foi perceber que talvez não tivéssemos apostolado nenhum ali. Embora a liberdade religiosa estivesse tecnicamente garantida pela constituição soviética, o proselitismo era proibido com rigor. A constituição garantia a liberdade da propaganda ateia, mas os que tentavam propagar as verdades da fé ou fomentar a religião eram considerados infratores. Nestrov e eu sabíamos disso, mas somente na teoria; agora começávamos a experimentar a lei na prática.

Ninguém queria falar sobre religião, quanto mais praticá-la. Embora nenhum dos trabalhadores nos barracões soubesse que Nestrov e eu éramos padres, todos se mostravam relutantes em até discutir assuntos de religião ou de Deus. Fomos aceitos entre eles como companheiros, num cordial espírito de camaradagem. Compartilhávamos o trabalho, a comida e o alojamento ruim, as dificuldades diárias. Os refugiados, sobretudo, eram um povo simples, com uma vida árdua que aceitavam resignados. Receberam-nos em seu meio, conversavam livremente conosco e respondiam aos problemas práticos com os clichês e as platitudes que nasciam das dificuldades comuns ou de sua herança cultural. No entanto, não falavam nem queriam ouvir falar de Deus.

Eles tinham medo. Também Nestrov e eu passamos a ser cautelosos, quiçá até temerosos. Era impossível evitar isso em meio àquela atmosfera. Temíamos não apenas por nós e pelo sucesso do nosso apostolado, que ainda esperávamos, mas também pelas pessoas que queríamos atender. Elas já tinham tão pouca coisa nesta vida! Não queríamos ser causa de mais problemas. Sabíamos, e elas também, que informantes e membros do Partido denunciavam qualquer atividade religiosa. Por mais que desejássemos, nem às crianças era possível falar de Deus, por medo de que elas, em sua inocência, falassem aos outros e nos denunciassem.

Ao traçarmos nossos planos de ir para a Rússia, nosso objetivo fora começar o apostolado junto aos refugiados, a maioria composta de católicos poloneses, e depois estender gradualmente nossa influência para servir os fiéis que ainda restavam na Rússia. Em vez disso, descobrimos que não poderíamos falar de religião com nossos companheiros de trabalho, quer se tratasse de refugiados ou de russos nativos, e muito menos revelar que éramos sacerdotes. Assim, à medida que aquela compreensão ficava mais evidente, nossa decepção aumentava. Porque nossas esperanças haviam sido fortes e nosso entusiasmo, tão grande, a frustração por não conseguirmos começar nenhum tipo de apostolado era muito maior.

A decepção aos poucos deu lugar a um sentimento de depressão e desilusão. Cheguei a ter pena de mim mesmo e a pensar mal dos meus companheiros. Tinha dado tanto, sacrificado tanto, arriscado tanto para levar Cristo a eles... para eles sequer desejarem falar comigo sobre esses assuntos? «Nós não chegaremos a lugar nenhum aqui», disse muitas vezes ao Pe. Nestrov. «As pessoas estão com muito medo». Elas hesitavam até em batizar os filhos ou receber os sacramentos em segredo. Ao mesmo tempo, porém, aquelas eram as pessoas que eu tinha ido servir, pessoas desprovidas de todo e qualquer meio de adorar a Deus. Eu queria sofrer com elas e por elas; se ao menos estivessem dispostas a me aceitar, não como companheiro de trabalho, mas como sacerdote!

Noutras ocasiões, sentia-me humilhado. O zelo dos comunistas me envergonhava, e não havia dúvida de que eram eficientes. De fato, era a eficiência deles que me fazia sentir, como padre, um estranho entre meu próprio povo. Eu chegara para servir e não podia servir, pois ninguém me escutaria. O que Nestrov e eu poderíamos fazer contra o poder daquele sistema? A ideia de que poderíamos trabalhar naquele país, naquelas condições, parecia, em retrospecto, um delírio irresponsável. Iniciáramos o que nos parecera uma grande empreitada missionária, tomados de zelo e entusiasmo, apenas para dar de cara com a realidade nua e crua. As coisas ali não eram nem um pouco como havíamos sonhado, e nos víamos totalmente despreparados para enfrentar o que acabamos por encontrar. Lá se foram nossas esperanças, nossas expectativas, nossos sonhos, nossas convicções e, acima de tudo, nosso entusiasmo!

Torturados por essas perguntas e essas dúvidas, Nestrov e eu nos sentimos bastante tentados a dar um jeito de abandonar a Rússia e retornar para a Polônia, onde ao menos poderíamos voltar a agir como padres num território ocupado, não obstante as dificuldades. As pessoas de lá certamente precisavam de nós naquele momento de perseguição. Viriam até nós se soubessem que estávamos disponíveis. Lá, poderíamos servir à Igreja, enquanto na Rússia não era possível fazer nada. Aquela aventura parecia agora ter sido um erro, um esforço missionário equivocado, baseado em sonhos e esperanças, e não em fatos – um plano nascido de informações insuficientes e equivocadas.

Foi essa a tentação que o Pe. Nestrov e eu sofremos em Tyoplaya Gora. E, embora a situação fosse de certa forma única, a tentação em si não era. Tratava-se da mesma tentação enfrentada pelos que seguem um chamado e descobrem que a realidade não era nada daquilo que haviam vislumbrado em seu enlevo e entusiasmo iniciais. Trata-se da tentação que se abate sobre, por exemplo, todos os que ingressam na vida religiosa com um desejo ardente de servir a Deus e somente a Ele, apenas para descobrir que a vida diária dos religiosos é monótona e pedestre, tão repleta de mal-entendidos, banalidades e distrações quanto a vida secular que deixaram para trás. Trata-se da mesma tentação que se abate sobre os jovens recém-casados quando a lua de mel acaba e os dois precisam encarar um futuro aparentemente interminável de coabitação, tendo de se esforçar para ganhar o sustento no mesmo lugar de sempre, da mesma maneira de sempre. Trata-se da tentação de dizer: «Esta vida não é a que eu pensei que seria. Não era isso o que eu desejava. Se soubesse que seria assim, jamais teria feito essa escolha, jamais teria feito essa promessa. O Senhor que me perdoe, mas quero voltar atrás. O Senhor não pode me prender a uma promessa que fiz na ignorância. O Senhor não pode esperar que eu seja fiel a um pacto baseado na fé, firmado sem que eu tivesse nenhum conhecimento prévio dos fatos da vida. Não é justo. Nunca pensei que seria assim. Não estou aguentando! Não vou mais ficar onde prometi que ficaria. Não servirei».

Essa é uma tentação que se abate sobre todo homem e toda mulher, às vezes até diariamente. Agora já não surpreende que tenha atormentado tanto a Nestrov como a mim naquele terrível ambiente de Tyoplaya Gora, mas à época quase cedemos. Refletimos sobre as possíveis formas de retornar a Lviv. Argumentamos que seria justo deixar informados os nossos superiores, que deveríamos relatar-lhes as verdadeiras circunstâncias nos Urais antes que outros homens fossem enviados em missão. Sempre de olho em alguma chance de ir embora, continuamos nosso trabalho na madeireira. E, para encontrarmos sustento enquanto isso, recorríamos à oração.

Nosso único consolo espiritual era a Missa. Ocasionalmente, conseguíamos nos afastar, apenas nós dois, e íamos até a floresta, onde celebrávamos uma Missa em segredo. Não usávamos paramentos. Um tronco de árvore era nosso altar, e tínhamos de ficar atentos o tempo todo para não sermos descobertos. De certa maneira, essa necessidade de sigilo na celebração do sacrifício da Missa serviu apenas para enfatizar as dificuldades que havíamos encontrado, a impossibilidade quase completa de realizar aquilo que viéramos fazer pelas pessoas que esperávamos servir. No entanto, a Missa nos dava forças. Pregávamos pequenas homilias depois do Evangelho – primeiro o Pe. Nestrov e depois eu. Era incrível como a mensagem do Evangelho se tornava impressionante naquelas circunstâncias. Nossos espíritos pareciam beber cada palavra, saboreá-las, sentindo o poder divino contido nelas. Então, no momento da consagração, Deus se fazia presente de uma forma nova em Tyoplaya Gora. Ele estava lá, atendendo aos nossos pedidos, onde o sacrifício do Calvário nunca havia sido celebrado. Naquele sacramento, podíamos oferecer todos os nossos sacrifícios com o dEle, podíamos pedir sua bênção para todos aqueles por quem tínhamos trabalhado e rezado em segredo, por aqueles que talvez também estivessem rezando às escondidas, mas que não podiam adorá-lO publicamente. Esses eram os pensamentos que mais me confortavam, meus momentos mais felizes naquilo que, no final das contas, era quase um não-apostolado em Tyoplaya Gora. O consolo daquele sacrifício, daquela oferenda, permanecia comigo quando voltávamos para casa em meio às trevas e ao silêncio da floresta.

Então, um dia, compreendemos tudo juntos. Deus nos concedeu a graça de enxergar a solução para nosso dilema, a resposta para nossa tentação. A graça de simplesmente olhar para nossa situação a partir do ponto de vista dEle, e não do nosso. A graça de não julgar nossos esforços segundo padrões humanos ou segundo aquilo que nós mesmos queremos ou esperamos, e sim de acordo com os desígnios de Deus. A graça de compreender que o nosso dilema e a nossa tentação haviam sido criados por nós mesmos, existiam apenas na nossa cabeça. Eles não coincidiam, nem jamais poderiam coincidir, com o mundo real, ordenado como era por Deus e governado pela sua vontade.

Santo Inácio se expressa de maneira um tanto direta e impactante em seu «Princípio e fundamento»:

> O homem é criado para louvar, prestar reverência e servir a Deus nosso Senhor e, mediante isto, salvar a sua alma; e as outras coisas sobre a face da terra são criadas para o homem, para que o ajudem a conseguir o fim para que é criado. Donde se segue que o homem

tanto há de usar delas quanto o ajudam para o seu fim, e tanto deve deixar-se delas quanto disso o impedem. Pelo que é necessário fazer-nos indiferentes a todas as coisas criadas [...].

Inácio chama isso de «princípio e fundamento» de seus *Exercícios espirituais*, mas trata-se também da verdade mais fundamental da existência humana e da Providência divina. Essas quatro sentenças a definem da forma mais simples e direta possível. Quantas vezes Nestrov e eu tínhamos ouvido aquelas palavras, lido aquelas declarações, rezado e meditado a partir delas? E, no entanto, sob a pressão das circunstâncias em Tyoplaya Gora, nós as havíamos esquecido. Nós as tínhamos aceitado como princípios abstratos da vida espiritual, sem que se tornassem, porém, parte de nossa vida cotidiana. Pelo menos até ali, não se haviam feito sentir no nosso modo de ver tanto a vida como o nosso dilema em Tyoplaya Gora.

Se isso tivesse acontecido, entenderíamos muito antes que nosso único propósito em Tyoplaya Gora – nosso único propósito em toda a vida, na verdade – era cumprir a vontade de Deus. Não, porém, a vontade de Deus segundo a nossa vontade, a nossa imaginação e a nossa pobre sabedoria humana, mas a vontade de Deus tal qual Deus a concebera e nos revelava nas situações que com que nos deparávamos. Sua vontade se manifestava ao longo das 24 horas do dia: nas pessoas, nos lugares, nas circunstâncias que Ele colocava diante de nós. Tratava-se das coisas que Deus sabia serem importantes para Ele e para nós *naquele momento*, das coisas à luz das quais devíamos agir – e não por causa de algum princípio abstrato ou de um desejo subjetivo de «fazer a vontade de Deus». Não: essas coisas, as 24 horas de cada dia, eram a sua vontade. Tínhamos de aprender a reconhecê-la na realidade da situação e agir de acordo com ela. Tínhamos de aprender a olhar para a nossa vida diária, para tudo o que cruzava o nosso caminho diariamente, com os olhos de Deus; aprender a ver da maneira como Ele via as coisas, os lugares e sobretudo as pessoas; reconhecer que Ele tinha um objetivo e um propósito ao nos trazer para junto daquelas coisas e daquelas pessoas; e, por fim, esforçar-nos para sempre obedecer à sua vontade, a vontade dEle, todos os dias, nas situações em que Ele mesmo nos colocara. Para que outro propósito, afinal, teríamos sido criados? Por que outra razão teria Ele nos levado a estar ali naquele momento, entre aquelas pessoas? Para que outra finalidade Ele ordenara nossa presença ali, se não para obedecermos à sua vontade naquelas situações e nos esforçarmos para fazer sempre o que Ele quisesse, do modo como Ele quisesse, como Ele mesmo teria feito, por Si mesmo, para colher os frutos e a glória?

Nosso dilema em Tyoplaya Gora nascera da frustração de não poder fazer o que pensávamos ser a vontade de Deus naquelas circunstâncias, de não podermos trabalhar como *nós* achávamos que Deus queria, de não aceitar a própria situação como vontade dEle. Esse é um erro que o homem comete facilmente, seja ele santo ou erudito, líder eclesiástico ou operário. No fim, em vez de aprender a ver e aceitar sua vontade nas situações reais em que Ele nos coloca dia após dia, acabamos por esperar que Deus aceite *nosso* entendimento de qual seria sua vontade e nos ajude a cumprir esse entendimento. A alma simples que a cada manhã lhe oferece «todas as orações, obras, alegrias e sofrimentos do dia» – e que age de acordo com esse oferecimento, aceitando tudo sem questionar e respondendo amorosamente a cada situação do dia como se fosse verdadeiramente enviada por Deus –, essa alma percebeu, com a fé simples de uma criança, a profunda verdade da vontade divina. Tentar prever e racionalizar a vontade de Deus é algo que nasce da estupidez humana. Trata-se da mais sutil das tentações.

A realidade pura e simples é que a vontade divina é aquilo que Deus faz acontecer conosco todos os dias, por meio das circunstâncias, dos lugares, das pessoas e dos problemas que surgem diante de nós. O truque está em aprender a ver isso não apenas na teoria ou após um ocasional vislumbre concedido pela graça de Deus, mas todos os dias. Nenhum de nós precisa questionar qual é a vontade de Deus para si, pois essa vontade é clara e diariamente revelada em todas as situações, contanto que aprendamos a ver todas as coisas como Ele as vê ao colocá-las em nosso caminho.

A tentação está em não ver essas coisas como vontade de Deus, em ignorá-las precisamente por serem constantes, triviais, monótonas e rotineiras, em procurar, antes, uma outra «vontade divina» mais nobre e abstrata, que reflita a ideia que *nós* queremos para ela. Foi essa, pois, a nossa tentação em Tyoplaya Gora, a mesma tentação que acomete quem descobre que a vida não é o que se esperava dela. Devemos, como resposta, compreender que são essas coisas – e apenas elas, aqui e agora, neste momento – que constituem verdadeiramente a vontade de Deus. O desafio está em aprender a aceitar essa verdade e a viver em cada momento do dia de acordo com ela. Todavia, como costuma acontecer com todas as grandes verdades, ela acaba por parecer simples demais. Está diante do nosso nariz o tempo todo, enquanto procuramos respostas mais sutis alhures. Tem a marca das verdades divinas, isto é, a simplicidade, e contudo, justamente por ser tão simples, costumamos ignorá-la no dia a dia.

Além disso, como toda verdade divina, executá-la não é tarefa fácil. Sua própria simplicidade faz com que seja muito difícil crer nela e atingi-la, pois nossa natureza humana se distrai com facilidade. As próprias circunstâncias da nossa vida – tão constantes, monótonas e rotineiras, embora sejam aquilo que de fato constitui a vontade de Deus – acabam por distrair-nos, e isso precisamente porque estamos envolvidos nelas a ponto de perder de vista essa grande verdade. Todavia, compreender e agir segundo essa verdade aparentemente tão simples, encarando todos os momentos do dia à luz dessa inspiração; tentar, na medida de nossas forças, recordá-la em todas as situações e circunstâncias da vida diária; trabalhar dia após dia para torná-la o único princípio orientador de nossas ações, a meta que almejamos alcançar... Tudo isso é conhecer a verdadeira alegria e tranquilidade, é refugiar-se no conhecimento de que, em tudo, estamos sempre tentando fazer a vontade divina, o único propósito para o qual existimos, a única meta para a qual fomos criados. Não pode haver maior segurança nem maior serenidade.

4. Prisão e encarceramento

O exército alemão iniciou sua *blitzkrieg* contra a Rússia em 22 de junho de 1941. Imediatamente, a União Soviética declarou estado de guerra. Naquela mesma noite, às três da manhã, a polícia secreta se dirigiu aos nossos barracões em Tyoplaya Gora. O Pe. Nestrov e eu, com nossos companheiros Fuchs, Valery e Janocz, fomos presos sob a mira de metralhadoras e a acusação de sermos espiões alemães. Centenas de outros foram presos no acampamento da madeireira naquela noite. Passamos a noite detidos em Tchussovoi e depois fomos levados de trem, sob escolta pesada, até a prisão do *oblast* (distrito) de Perm, onde me fotografaram – de frente e de perfil, de acordo com os procedimentos da prisão –, cortaram o meu cabelo, removeram meus piolhos e me jogaram numa cela grande, de uns nove metros por nove. Havia cinco pessoas ali quando entrei pela manhã; no começo da noite, a cela já estava lotada, com mais de cem pessoas. Ameaçados pela invasão alemã, os soviéticos pareciam estar prendendo qualquer um que parecesse levemente suspeito: professores, operários comuns, oficiais do baixo escalão do governo, advogados, alguns soldados – qualquer um, ao que parecia, que pudesse ser considerado um risco à segurança.

Pe. Nestrov e eu sempre soubemos que um dia poderíamos ser presos; já havíamos discutido essa possibilidade. No entanto, quando a prisão enfim se deu, tudo foi tão rápido que pareceu irreal. Não dava para acreditar que estava realmente acontecendo comigo. Estava anestesiado, desorientado. Minha cabeça não conseguia se ajustar a tudo o que estava acontecendo, em especial à completa perda de liberdade, à supressão imediata de todos os meus direitos ou da possibilidade de apelação. Não havia como argumentar, alegar inocência, dizer a todos que se tratava de um engano. A polícia secreta tinha lá suas ordens; eram homens com uma missão a cumprir e que simplesmente nos reuniram feito cabeças de gado. Não queriam ouvir protestos, não tinham paciência para discussões e desconsideravam brutalmente qualquer conversa sobre inocência e direitos.

É impossível descrever com precisão essa experiência. Qualquer um que já tenha sido preso por engano ou passado a noite na cadeia conhece a sensação, mas não consigo achar palavras que relatem fielmente o choque físico e emocional que nos acomete numa experiência assim. «Desamparo» talvez seja a descrição mais próxima, mas esse ainda parece ser um termo muito leve e inadequado para expressar a realidade. Você se sente completamente separado de tudo e de todos os que poderiam ajudá-lo, incapaz de esboçar qualquer gesto que pudesse ser de alguma valia, impossibilitado de entrar em contato com alguém útil naquela situação, inteiramente à mercê de seus algozes, impedido de ir a lugar algum ou de agir sem permissão de terceiros. É como se uma porta de ferro descesse sobre o mundo lá fora, o mundo que você conhece e onde vive, e você entrasse num universo totalmente novo, com regras, poderes e limites próprios. Os que dão as ordens não precisam ouvi-lo; tampouco precisam prestar contas a alguém. E você, por outro lado, se vê incapaz de dizer ou fazer qualquer coisa que possa melhorar a própria situação.

«Desamparo» é de fato a palavra. Eu me frustrara em Tyoplaya Gora porque não pudera trabalhar com as pessoas do modo como gostaria, mas essa sensação de frustração não era nada comparada à nova sensação de desamparo e impotência. Mesmo depois de ter me recuperado um pouco do choque que se seguiu à prisão repentina, não consegui superar o choque proporcionado pela completa perda de liberdade e pela sensação de ser completamente controlado por terceiros, que dispunham das minhas ações, da minha liberdade, das minhas necessidades. Todas as prisões devem fomentar em seus detentos – especialmente nos recém-chegados – essa sensação de frustração absoluta e desamparo total; em alguma medida, devem sempre acabar por desumanizar, por debilitar a mente e degradar a pessoa. Todavia, as prisões soviéticas no período da guerra, aquelas geridas pela polícia secreta de Stalin, eram ainda mais perversas. Algumas pessoas podiam desaparecer sem que ninguém jamais ouvisse falar delas de novo. Os prisioneiros podiam ser fuzilados sem aviso... e o eram. O controle das autoridades era absoluto; a falta de recursos do prisioneiro, total. Medo e terror eram as armas favoritas da polícia secreta. Se o domínio da vida e da morte que detinham não era realmente absoluto e completo, decerto assim o parecia aos encarcerados e à população como um todo. A mera preocupação com a própria sobrevivência reduzia os prisioneiros submetidos àquelas condições a um estado de docilidade e servilismo verdadeiramente inumano.

Inumanas também eram as condições. As celas ficavam tão abarrotadas que mal havia espaço para nos movermos. Não havia água corrente; baldes faziam as vezes de banheiro. As janelas eram tapadas por painéis de metal que impediam a luz e o ar fresco de entrar. Estávamos imundos, não tínhamos nenhuma muda de roupa e dormíamos no chão sujo, com insetos andando pelo nosso corpo. O ar era sempre fétido, e ninguém conseguia afastar das narinas o fedor nauseabundo. Só podíamos tentar ignorá-lo da melhor maneira possível.

Era tudo tão degradante, tão humilhante, que alguns ali pararam de se ver como seres humanos. A mente era o tempo todo corroída por aquela sensação de desamparo e injustiça. A maior parte dos meus companheiros de cela era formada por prisioneiros políticos como eu e não tinha a menor ideia do motivo pelo qual estava na prisão. Poucos ali conseguiam reconhecer alguma transgressão deliberada contra o Estado. Muitos no começo tentavam se consolar, certos de que sua prisão fora um engano que logo seria notado e que em breve seriam libertados. Em pouco tempo, porém, também estes se desiludiram e tornaram-se amargos e furiosos com toda aquela injustiça. Mas o que podiam fazer? Que recurso possuíam? Seus direitos tinham sido totalmente ignorados; eram considerados traidores ou coisa pior, e por isso viviam sob ameaça de fuzilamento. Não havia onde buscar auxílio. De fato, cada protesto era considerado uma nova transgressão, uma nova violação, uma nova traição à confiança no «sistema».

4. PRISÃO E ENCARCERAMENTO

Além de toda a angústia que compartilhávamos, havia uma última humilhação que eu tinha de suportar sozinho. Ao falar com os outros sobre os vários motivos que haviam nos levado à prisão, não escondi o fato de achar que minha condição de sacerdote havia contribuído para isso. Se achava que essa revelação realçaria minha inocência ou faria meus companheiros de prisão terem mais confiança em mim, se achava que me daria a oportunidade de servi-los melhor e consolá-los em sua angústia, logo perdi as ilusões. No fim das contas, fui tratado com desprezo. Pelo jeito, os vários anos de propaganda soviética tinham surtido algum efeito. Fiquei desconcertado ao ver que muitos dos meus colegas de prisão viam os padres como parasitas da sociedade que viviam no conforto, às custas do dinheiro de velhinhas pobres, ou como sujeitos sem moral e pervertidos, meros mulherengos dados à bebida. Os prisioneiros dotados de maior grau de educação e os oficiais do baixo escalão do Partido haviam conhecido uma imagem distorcida da Igreja a partir das cartilhas comunistas, em que os aspectos humanos, sociais e políticos da Igreja eram descritos com todos os seus erros, defeitos, abusos e injustiças. Na melhor das hipóteses, um padre não passava, para eles, de alguém descompassado e deslocado numa sociedade socialista; na pior, tratava-se de uma marionete nas mãos de uma Igreja que era, por sua vez, instrumento voluntário do capitalismo.

Fiquei atônito com o preconceito e a animosidade contra a Igreja revelados ali, ainda mais naquelas circunstâncias. Quase todos éramos prisioneiros políticos, a maioria acusada injustamente; éramos suspeitos de coisas que nunca fizéramos e não tínhamos como responder às acusações ou provar nossa inocência. Compartilhávamos a indignação, a sensação de angústia, ultraje, humilhação e impotência. Havia na cela ao menos um sentimento mínimo de camaradagem entre os prisioneiros políticos, certo companheirismo no sofrimento. Mas não com relação a mim, quando descobriram que era sacerdote. Fui xingado, colocado à parte e desprezado. Em profundo contraste com minha experiência na cultura católica polonesa, em que os padres eram sempre tratados como pessoas especiais, quer fossem amados individualmente ou não, aquela reação ao sacerdócio por parte dos meus companheiros de cela me deixou zangado e confuso. Não conseguia entender, e fiquei furioso com a injustiça desse preconceito cego e estúpido. Quase cheguei às lágrimas. Parecia tudo tão injusto, tão profundamente injusto, tão degradante, tão humilhante! Do mesmo modo, como nos sentíamos incapazes de nos defender no meio daquele sistema prisional, também eu, nesse outro nível, descobri que não conseguiria me explicar ou me defender. Nas palavras de Isaías, senti-me *desprezado, a escória da humanidade* (Is 53, 3). Para os oficiais e os meus companheiros de prisão, eu era uma coisa sem valor, que não servia para nada. Desse modo, além do sentimento conjunto de desamparo e impotência, sofri também com o vazio desalentador da sensação de ser inútil.

Não havia ninguém a quem me voltar, com quem falar, ninguém de quem eu pudesse obter conselho ou compreensão, ninguém que me oferecesse algum consolo. Eu não havia mais visto o Pe. Nestrov desde o momento em que nos prenderam. Os outros companheiros do acampamento presos conosco deviam estar em outras celas. Então, como havia feito em todas as outras crises, voltei-me para

4. PRISÃO E ENCARCERAMENTO

Deus na oração. Busquei sua ajuda, seu apoio e seu consolo. Uma vez que estava sofrendo especialmente por causa dEle, isto é, que vinha sendo desprezado por ser seu sacerdote, Ele não deixaria de me confortar; afinal, Ele mesmo, na sua vida humana, se identificara com o *desprezado, a escória da humanidade*, de Isaías. Também Ele procurara alguém que o confortasse, sem, contudo, encontrar ninguém. Com certeza Ele se condoeria de meu sofrimento; certamente me confortaria e consolaria.

No entanto, como tantas vezes antes, seu consolo foi aumentar tanto o meu autoconhecimento como a minha compreensão da sua Providência e do mistério da Salvação. Quando, nas profundezas da minha humilhação, voltei-me para Ele em oração, quando corri em sua direção completamente desolado, sentindo-me inútil e desprezado, a graça que recebi foi a luz que me permitiu reconhecer o quanto meu ego tinha entrado na questão. Eu havia sido humilhado e sentia pena de mim mesmo. Ninguém gostava de mim por ser sacerdote, e eu chafurdava na autocomiseração. Estava sendo tratado injustamente por puro preconceito. Não tinha ninguém para escutar a minha triste história e me oferecer algum apoio, e por isso eu estava agora com pena de mim mesmo. Aquela era toda a extensão da minha «humilhação».

Sim, as condições físicas na cela eram desumanas. Talvez tivessem sido projetadas exatamente com esse propósito, no intuito de esgotar a força de vontade dos prisioneiros, de destruir o único poder espiritual que nos transforma em homens de verdade, livres e fortes. Todavia, essas condições desumanas não eram motivo para eu, ou mesmo qualquer outro, deixar de ser humano. Nós não éramos nem tínhamos de ser produto do nosso ambiente. As condições só seriam degradantes se permitíssemos que elas nos degradassem.

Quanto à humilhação que senti por não receber o respeito devido a um sacerdote de Deus, ora, seria o servo *maior que o senhor* (Jo 15, 20)? Nosso Senhor dissera aos discípulos: *Se me perseguiram, também vos hão de perseguir.* Desde a juventude, eu aprendera a respeitar o sacerdote porque ele representava Deus entre os homens. E, como sacerdote, eu também havia me acostumado a esperar o respeito (e até mesmo a adulação) dos outros. Como, então, podia achar que estava seguindo os passos do Mestre? Se tivesse agido como Cristo, não deveria ter esperado rejeição e humilhação? Por que ficara chocado quando isso enfim aconteceu? Será que não deveria me alegrar por ter a chance de imitá-lO mais fielmente?

De quantas outras maneiras eu não tinha permitido que meu ego e o prazer da autocomiseração nublassem a minha visão, impedindo-me de enxergar as circunstâncias com os olhos de Deus? Ninguém, não importa em que situação se encontre, é totalmente destituído de valor, totalmente inútil aos olhos divinos. Nenhuma situação é totalmente desprovida de valor e de propósito na Providência. É uma tentação humana esse sentir-se frustrado pelas circunstâncias, a sensação de assoberbamento e impotência diante da ordem estabelecida – não importa se a ordem consiste numa prisão pela NKVD, em todo o sistema soviético, no *status quo*, na «administração municipal», numa «roda-viva», no *establishment*, nas pressões sociais, no ambiente cultural, em nosso mundo maligno e opressor. Sob as piores circunstâncias imagináveis, o homem ainda conserva seu livre-arbítrio, e Deus sempre se prontifica a ajudá-lo com sua graça. Além disso, Deus espera que ele *aja* precisamente nessas circunstâncias, nessa situação, de acordo com o que espera dele. Afinal, também essas situações, essas pessoas, esses lugares e essas coisas são a vontade de Deus naquele momento.

O indivíduo pode não conseguir mudar o «sistema», assim como eu não consegui mudar as condições daquela prisão, mas isso não é desculpa para simplesmente não agir. Muitos se sentem frustrados, decepcionados ou mesmo derrotados diante de uma situação ou um mal que não podem remediar. Pobreza, vício, alcoolismo, injustiça social, discriminação racial, ódio e amargura, guerra, corrupção, a burocracia opressiva de toda e qualquer instituição... Tudo vira fonte de uma frustração amarga, de uma sensação de desamparo absoluto. Deus, porém, não espera que um só homem mude o mundo, que extinga todo o mal ou que cure sozinho todas as doenças. Deus espera, sim, que esse homem aja de acordo com o que é esperado dele em tais circunstâncias, que são ordenadas por sua vontade e sua Providência. E a graça de Deus, que o ajudará a agir, jamais lhe faltará.

A sensação de desamparo que experimentamos nessas circunstâncias advém, na verdade, da tendência de deixarmos o ego entrar na questão. É fácil, assim, sentirmo-nos dominados por sentimentos de inadequação ou impotência ao compreendermos a insignificância do indivíduo diante do mundo corrupto. Costumamos concentrar-nos em nós mesmos, ponderar o que podemos e o que não podemos fazer, e nos esquecemos de Deus, da sua vontade e Providência. No entanto, Deus nunca se esquece da importância de cada indivíduo, da sua dignidade, do seu valor, bem como do papel que cada um de nós é chamado a cumprir na sua Providência. Para Ele, todos os indivíduos são sempre e igualmente importantes. Ele se importa. Ao mesmo tempo, também espera de nós que recebamos, das suas mãos, as situações que nos envia todos os dias e que ajamos como Ele espera, segundo a graça que dEle sempre recebemos.

Aquilo que cada indivíduo *pode* mudar é, antes de mais nada, a si próprio. Além disso, cada indivíduo terá – é forçoso que tenha – certa influência sobre aqueles que Deus coloca na sua vida todos os dias. Espera-se que ele, sendo cristão, influencie essas pessoas para o bem. Pode influenciá-las para o mal, é verdade, mas essas pessoas continuarão na sua vida naquele dia – uma vez que Deus dispõe as coisas desse modo –, e esse indivíduo ainda terá alguma influência sobre elas. Ainda que distantemente, estará na vida dessa gente, e é por isso que Deus o julgará responsável pelo bem ou mal que vier a causar. Nessa verdade simples está a chave para a compreensão do mistério da divina Providência e, em última análise, da própria salvação do homem.

Não: naquela prisão em Perm, eu não estava desamparado nem era um inútil destituído de qualquer valor. Não fora terrivelmente humilhado pela rejeição ao meu sacerdócio. Os homens ao meu redor estavam sofrendo; precisavam de ajuda. Precisavam de alguém que os escutasse com bondade, alguém que os confortasse, que lhes desse coragem de continuar. Precisavam de alguém que não sentisse pena de si mesmo, mas que pudesse partilhar verdadeiramente da sua tristeza. Precisavam de alguém que não estivesse em busca de consolo, mas antes pudesse consolar. Precisavam de alguém que não buscasse respeito e admiração por ser quem era, mas de uma pessoa capaz de amá-los e respeitá-los mesmo sendo rejeitada e isolada por eles. Assim como Cristo me dera seu exemplo, também eu podia ser para eles um exemplo de zelo e caridade cristãos. Se insistissem em me isolar, eu ao menos poderia rezar por eles e oferecer ao Pai, para o bem de cada um ali, todo o sofrimento e toda a angústia que sentira com sua rejeição a mim. Cristo rezara pelos seus algozes: *Pai, perdoa-lhes...* (Lc 23, 34). Se nada mais me fosse possível fazer na prisão de Perm, eu rezaria.

Deus não pede o impossível a ninguém. De mim, não estava pedindo mais do que pede a todo homem, todo cristão, todos os dias. Tudo o que pedia era que eu aprendesse a ver as pessoas que sofriam ao meu redor, as circunstâncias na prisão em Perm, como coisas enviadas por sua mão, ordenadas por sua Providência. Ele estava me pedindo para *fazer* alguma coisa, qual um outro Cristo. Pedia-me para esquecer meu ego e minha autocomiseração e agir de acordo com o exemplo de Jesus. Pedia-me para esquecer minha «impotência» contra o «sistema» e me concentrar nas necessidades imediatas dos que viviam ao meu redor a cada dia, isto é, para fazer tudo de que era capaz por meio da oração e do exemplo. Aquilo era *tudo* o que Ele pedia ou esperava de mim. Era só o que eu precisava fazer, mas já era o bastante – e não poderia ser feito enquanto eu permanecesse sentado com pena de mim mesmo. Além disso, eu não era incapaz daquilo: estava em meu poder agir e ter a graça de Deus como sustento. Uma das minhas maiores graças foi o lampejo que me permitiu enxergar e entender essa verdade, isto é, enxergar que aquele dia, assim como todos os outros da minha vida, saíra das mãos de Deus e servia a um propósito na Providência dEle. Independentemente das circunstâncias, eu precisava acreditar nessa certeza e agir de acordo com ela – com total confiança na vontade, na sabedoria e na graça divinas.

5. Lubianka

Por ser considerado espião do Vaticano (acusação que eu, ao contrário da NKVD, nunca consegui levar a sério), fui escoltado da prisão do *oblast* de Perm para Moscou e a prisão de Lubianka. À época, «Lubianka» era uma palavra temida na Rússia. A prisão da rua que levava esse nome era mencionada aos sussurros amedrontados, pois tratava-se do local onde a NVKD realizava seu melhor (ou pior) trabalho. Ali, os homens tinham o corpo e o espírito quebrantados. Antes da guerra, durante os dias do terror de Stalin, camaradas dos escalões mais altos do Partido foram conduzidos a Lubianka e ressurgiram para os famosos julgamentos farsescos como figuras alquebradas, sombras do seu antigo ser; seus espíritos pareciam ter ficado para trás, nas profundezas da temida prisão. Outras pessoas eram simplesmente engolidas pelos portões de Lubianka e jamais retornavam. Histórias de terror, de tortura e de execuções sumárias eram, segundo relatos, ocorrências comuns ali. O lugar não era a prisão de segurança máxima da NKVD, mas o quartel-general de sua maldade. Por sorte, eu não ouvira falar sobre quase nada disso quando, sozinho e sob escolta, cheguei de Perm após uma longa viagem de trem.

Lubianka tinha sido antes um hotel. Suas celas ainda se assemelhavam mais a quartos do que a celas de prisão. Eram pequenas, mas organizadas, muito limpas, dotadas de um assoalho de madeira impecável e paredes caiadas, e iluminadas por uma lâmpada pendurada no centro do teto. Havia uma janela normal, mas estava completamente selada, tapada com uma grande chapa de latão. Só um pedacinho de céu se revelava no topo, onde o latão fora afastado para permitir a entrada de luz e ar. A porta era uma porta de hotel comum, mas revestida de ferro, com uma tranca especial operada pelo lado de fora. O olho mágico pelo qual o guarda nos via era coberto com uma tampinha móvel do lado de fora, a fim de impedir que o prisioneiro visse o mundo exterior. Num canto, via-se uma cama de ferro com roupa de cama limpa, lençol e travesseiro. Tratava-se do único móvel do quarto além da *parásha* (um balde com tampa, para as necessidades) no canto próximo à porta. Não havia mesa, cadeira, lugar algum em que se sentar. Só no período destinado ao sono era possível ficar na cama. Desse modo, naquele cômodo de um metro e oitenta por três, os prisioneiros passavam os dias em pé – ou encostados à parede, ou andando de um lado para o outro sem parar.

Tínhamos direito a vinte minutos de exercício no pátio da prisão diariamente, contanto que o clima o permitisse; duas vezes por dia, percorríamos um corredor até o banheiro, onde esvaziávamos nossas *paráshas* e tomávamos um banho de gato na pia. De resto, todo o nosso universo em

Lubianka se resumia àquele quartinho caiado com cama, uma janela fechada e lacrada, a porta sempre trancada e o olho mágico invasivo. Qualquer um que já tenha ficado enfurnado num quarto de hotel ou confinado num quarto de hospital sabe a sensação que o isolamento contínuo num local apertado pode produzir. Em Lubianka, porém, o isolamento não tinha fim, ou ao menos nenhum que o prisioneiro pudesse controlar ou prever. Os dias pareciam se alongar infinitamente, hora após hora, sem variação alguma exceto o fato de o guarda às vezes servir a comida de uma ponta do corredor e não da outra, alternando assim a satisfação parcial da constante fome dos prisioneiros. Uma hora pode parecer uma eternidade nesse isolamento, e o tempo logo perde seu significado. Uma semana eram apenas sete dias idênticos de 24 horas; um mês não passava de um modo matemático de demarcar quatro semanas, trinta dias indistintos.

O mundo dos confinados à solitária era um universo próprio. Em Lubianka, não se tratava apenas de um mundo muito restrito, mas também regimentado. Havia regras e regulamentos que ditavam como devia ser o comportamento dentro das celas, as caminhadas pelo corredor, os poucos minutos por dia passados no banheiro, o período de exercício no pátio... A violação dessas regras era punida com mais restrições às poucas regalias dos prisioneiros, como o período de exercício ou a comida. À medida que os dias se enfileiravam num cordão infinito, essas regras conferiam um certo padrão à vida, mas também se tornavam outra fonte de abuso. Serviam para enfatizar cada vez mais a sensação de confinamento e a agonizante falta de liberdade.

E então havia o silêncio. Quer fosse para acentuar a quietude que fazia Lubianka parecer-se com um necrotério, quer pelo conforto e pela limpeza, os guardas usavam sapatos especiais de tecido, de modo que não era possível ouvi-los caminhar pelo corredor até que estivessem praticamente à sua porta. Nunca havia ninguém com quem conversar; eram raros os barulhos do lado de fora, exceto na hora das refeições. Como resultado, os prisioneiros tornavam-se anormalmente sensíveis ao menor ruído. Era impossível não se esforçar inconscientemente, quase o tempo todo, para ouvir alguma coisa que interrompesse o silêncio total e insidioso, um silêncio que parecia acossar e ameaçar o prisioneiro a todo momento. Os sons repentinos do guarda abrindo o olho mágico ou de um ferrolho sendo batido com força nos deixava assustadiços. Quase chegavam a provocar terror e, no entanto, o silêncio cadavérico também era, ao seu modo, aterrorizante.

Passei cinco anos em Lubianka, a maior parte deles sozinho no meio desse silêncio. Ocasionalmente, era transferido para outra cela; às vezes, por alguns dias ou algumas semanas, dividia o espaço com mais alguém. Isso, porém, era cuidadosamente planejado pela NKVD: o companheiro de cela era usado, consciente ou inconscientemente, para descobrir se o outro diria algo que antes fora ocultado do interrogador. Era claramente uma armadilha, mas a necessidade psicológica, nascida do silêncio e do isolamento prolongado, fazia-se insuportável, e todos queriam conversar por horas a fio sem parar, sobre tudo e sobre todos, com um companheiro de sofrimentos. Havia também sessões esporádicas e imprevisíveis com interrogadores. Podiam ocorrer diariamente durante meses, para logo serem interrompidas por outros meses em que os dias, horas e minutos de silêncio e de rotina solitária voltavam a se prolongar eternamente. As sessões individuais com o interrogador poderiam durar algumas horas ou seguir ininterruptas por um ou dois dias, quiçá mais, com equipes de interrogadores se revezando enquanto o prisioneiro não gozava de nenhum descanso, nenhum sono, nenhuma comida. Contudo, embora as sessões fossem terríveis, embora tivéssemos pavor de caminhar pelos corredores e subir as escadas até a área dos interrogatórios, havia momentos durante o sinistro silêncio de Lubianka e durante a infindável rotina na solitária em que nos víamos quase ansiando por aquele sofrimento horrendo, apenas para satisfazer a necessidade de ver outro rosto e ter alguém com quem falar.

As condições intoleráveis, as acomodações apertadas e o ar imundo das celas abarrotadas em Perm haviam parecido horrendas à época, mas em retrospecto são em tudo preferíveis ao mundo caiado e limpo, mas confinado, da solitária em Lubianka. Nas celas apertadas, ao menos havia sempre alguém com quem conversar, alguém com quem compartilhar a própria angústia, alguém por quem expressar simpatia, alguém a dar conselhos, a encorajar, a ensinar como sobreviver. Quando se voltava de uma sessão de interrogatório em Perm, era possível falar com alguém a respeito, repassar o ocorrido, procurar juntos respostas fracas ou estúpidas, ou mesmo descobrir o que o interrogador realmente queria, o que havia por trás de determinada linha de questionamento e que resposta poderia ter livrado você da encrenca por satisfazer alguém do alto-comando. Não havia esse tipo de companheirismo humano em Lubianka. Ao voltar de um interrogatório, você estava por conta própria. Tudo o que podia fazer era torturar-se a si mesmo ao recordar a sessão, questionando se o que havia dito fora o certo, investigando se teria sido possível um desempenho melhor, analisando angustiado cada pergunta e cada resposta. Não tínhamos ali o alívio de conversar sobre o assunto, de pedir conselhos (por mais inúteis que fossem), de compartilhar experiências e demonstrar simpatia. Em suma, o confinamento na solitária deve parecer-se bem com aquilo que muitos teólogos dizem ser o principal suplício do inferno: a alma finalmente reconhecendo os próprios erros, vendo-se perpetuamente condenada à perda do Paraíso, atormentando-se sem cessar com reprimendas e roendo-se de remorsos porque ainda vê, compreende e quer aquilo que perdera para sempre, que sabe ter perdido por causa de suas próprias escolhas, fraquezas e erros.

A mente humana é inquieta e não pode ser confinada. Continua a funcionar em todas as horas de vigília, pensando, lembrando de algo, ansiosa e temerosa por algum acontecimento futuro. É possível controlar, canalizar, essa inquietude, mas não a deter. E, quando você se vê isolado do mundo exterior, quando permanece sozinho no silêncio da solitária, entregue ao mar encapelado de pensamentos, lembranças, perguntas e medos que é a mente humana, ou você aprende a controlá-la e canalizá-la, ou enlouquece. O tempo talvez pareça congelado, mas a mente humana não para. Uma hora pode se tornar uma eternidade, mas a mente do homem é capaz de preencher cada segundo dessa hora com um milhão de pensamentos, um milhão de perguntas, um milhão de medos. Naquelas horas eternas de Lubianka, eu me pegava sem nada para fazer além de repassar minha vida pregressa e os medos do futuro, com bastante tempo para refletir e questionar. Mas, acima de tudo, eu rezava.

5. LUBIANKA

De início, não pude acreditar que os soviéticos estavam levando a sério as acusações pelas quais eu fora detido e interrogado. Dava para ver, por suas perguntas, que sabiam tudo sobre mim e sobre o que eu havia feito. Para além disso, eu não possuía nenhum segredo terrível. Considerava meu caso bem simples, indigno de toda a atenção que lhe dedicavam. Acreditava, ademais, que logo chegariam à mesma conclusão. Aquilo mal valia o esforço dispendido, e nada do que eu fizera era motivo para me matar. Por acreditar nisso, no começo fiquei despreocupado. Os interrogatórios eram irritantes e, às vezes, dolorosos, mas não chegaram a me perturbar de verdade no começo. Eu realmente achava que, mais cedo ou mais tarde, os oficiais do alto escalão compreenderiam o que eu já sabia: que não valia a pena se ocupar de mim. Minha consciência estava limpa, de forma que o meu estado de ânimo se manteve firme e altivo no começo.

Além disso, tinha muita confiança em mim mesmo. Duvidava de que os interrogadores conseguiriam me fazer admitir algo que eu não fizera para provar alguma coisa. Eu era teimoso e obstinado por natureza. Do mesmo modo, passara grande parte da vida desenvolvendo a força de vontade e treinando meu espírito. Tinha orgulho disso e achava que conseguiria me manter firme diante do interrogador. Assim, como sabia que não tinha feito nada de muito errado e tinha certeza de que ninguém poderia me forçar a admitir algo que eu não fizera, assumi de início um estado de espírito leve e fiquei a esperar o breve momento em que a NKVD descobriria o erro de me tratar como se eu fosse alguém especial.

No entanto, depois de alguns interrogatórios em Lubianka e alguns meses aparentemente intermináveis na solitária, comecei a duvidar. Ocorreu-me que a NKVD poderia apagar o erro de ter me tratado como alguém especial mediante uma simples ordem de execução. Não haveria qualquer advogado, julgamento ou apelação. A União Soviética estava em guerra. Milhares morriam todos os dias; fuzilavam-se espiões e traidores diariamente sem muitas perguntas. Os próprios interrogadores me contaram isso, e de maneira extremamente brutal. A essa altura, eu já havia fracassado em convencê-los da minha inocência ou insignificância, de forma que também já duvidava de minhas forças diante do poder e dos métodos da NKVD. Nunca cheguei a crer realmente que seria fuzilado, mas a dúvida e o medo começaram a se infiltrar na minha autoconfiança.

Assim, os pensamentos tardios e torturantes começaram a preencher as horas de cela silenciosa depois de cada interrogatório, num constante revisar de perguntas e respostas, na angústia de repisar o mesmo terreno vezes sem conta... Tudo começou a fazer efeito ao mesmo tempo, e o meu ânimo começou a erodir-se. Foi especialmente então que me voltei para a oração.

Logo no início da minha estada em Lubianka, quando o tédio infindo da solitária começou a me afetar, decidi dar ordem e divisões aos dias. Criei para mim o que chamávamos nas casas jesuítas de «ordem do dia». Tão logo nos acordavam pela manhã, eu rezava o oferecimento matinal de obras; depois da ida ao banheiro, onde me lavava, fazia uma hora de meditação. Em Lubianka, o toque de despertar às cinco e meia e o café da manhã às sete quase correspondiam à ordem da maioria das casas jesuítas em que eu vivera, de modo que os dias voltaram a seguir um padrão.

5. LUBIANKA

Após o café da manhã, eu rezava a Missa – ou melhor, recitava as orações, pois obviamente não tinha como celebrar o Santo Sacrifício. Rezava o Ângelus pela manhã, à tarde e à noite, quando o relógio do Kremlin dava as horas na Praça Vermelha a alguns quarteirões de distância da rua Lubianka. Ao meio-dia, fazia um exame de consciência tal qual sugerido por Santo Inácio em seus *Exercícios espirituais*. Fazia outro exame antes de me deitar à noite e preparava os pontos da minha próxima meditação matinal. A cada tarde, recitava três rosários – um em polonês, um em latim e um em russo – como substituição ao meu breviário.

Ocasionalmente, também entoava hinos em polonês, latim ou inglês – os hinos de que me recordava dos dias de juventude, dos anos de aprendizado com os jesuítas –, ou ainda os cânticos que eu me esforçara por aprender da liturgia russa durante os anos que passara no Russicum em Roma. Às vezes, ficava horas tentando me lembrar de um verso que me fugira da memória, repetindo a oração até parecer ter encontrado as palavras certas. Há ocasiões em que penso que aquilo se tornara mais um exercício mental do que uma oração; tratava-se de um modo de passar o tempo, coisa que eu possuía em abundância. *Qui cantat bis orat* («Quem canta reza duas vezes») é um velho axioma monástico. Eu hesitaria em afirmar que Deus ficou duplamente satisfeito com os hinos que cantei em Lubianka, mas tenho certeza de que Ele compreendeu.

Humano como sou, cometi os mesmos erros que todo ser humano comete ao rezar. Rezei pela conversão dos meus interrogadores, por exemplo, mas nenhum deles jamais demonstrou o menor sinal de conversão. Também rezei com força para pedir mais comida. Comida de prisão é sempre ruim e inadequada, mas o racionamento de guerra em Lubianka fez com que recebêssemos porções mais frugais e miseráveis do que o normal. Estava sempre com fome, e de tal maneira que meu primeiro pensamento ao terminar o último gole de minha sopa rala ou a última gota de minha água quente era sempre um cálculo de quanto faltava até a próxima refeição. Não havia forma de evitar esse tipo de pensamento no meio da fome extrema de que padecíamos naqueles dias; o desejo de comida nascido de cada refeição reduzida simplesmente afastava todos os outros pensamentos por um tempo. Além disso, as dores palpáveis da fome, quando retornavam, eram tão pungentes que se tornava impossível crer que houvesse dor ou sofrimento comparáveis. Pensamentos suicidas insinuavam-se na consciência como forma de dar fim àquela agonia terrível. E algumas pessoas, pelo que ouvi, acabaram por preferir esse modo de morrer em vez da lenta morte por inanição. De todo modo, não importa o quanto eu tenha rezado: nunca recebi nenhuma porção adicional de comida e nenhum copo a mais de água quente.

Os jejuns, abstinências e penitências que impusera a mim mesmo no passado devem ter tornado mais fácil suportar as provações da fome pela qual passamos nos anos de prisão. Pelo menos para mim não se tratava de uma experiência nova, exceto na intensidade. Logo descobri que a oração não suprime a dor física ou a angústia mental. Ainda assim, dá certa força moral para suportar a provação com paciência. Sem dúvida foi a oração o que me ajudou em cada crise.

Aos poucos, aprendi a purificar a minha oração e a suprimir os componentes de amor próprio. Aprendi a rezar

5. LUBIANKA

pelos meus interrogadores – não para que vissem as coisas da minha maneira ou chegassem à verdade e dessem fim ao meu sofrimento, mas porque eles também eram filhos de Deus, seres humanos que precisavam da sua bênção e graça diária. Aprendi a não pedir mais pão para mim, mas a oferecer meus sofrimentos, as dores da fome, por aqueles que passavam por sofrimento parecido ou maior em outros lugares do mundo e na Rússia. Tentei não me preocupar com o amanhã, com o que haveria de comer ou vestir. Em vez disso, quis buscar o Reino de Deus e sua justiça, seus desígnios para mim e para toda a humanidade.

«Seja feita a vossa vontade». Era isso o principal, mas apenas aos poucos é que fui percebendo como o Pai-nosso é uma oração perfeita. *Senhor, ensina-nos a rezar* (Lc 11, 1), disseram os discípulos, e em resposta o Senhor explicou-lhes toda a teologia da oração nos termos mais simples; tratava-se de um conteúdo completo e detalhado, mas ainda assim acessível a todos, sem distinção. A mente humana é incapaz de elaborar um modelo de oração melhor do que esse que o próprio Senhor nos deixou.

Ele começa nos colocando na presença de Deus – o Deus onipotente, que criou todas as coisas do nada e as sustém na existência para que não voltem ao nada, que governa todas as coisas no céu e na terra de acordo com os desígnios de sua Providência. No entanto, esse mesmo Deus onipotente é nosso Pai, um Pai que nos ama, que cuida de nós como filhos, que nos provê nas necessidades com sua bondade amorosa, que nos guia na sua sabedoria e nos vigia diariamente para nos proteger do perigo, dando--nos o alimento e nos recebendo de volta com os braços abertos quando, a exemplo o filho pródigo, tivermos gastado a nossa herança. Do mesmo modo como um pai protege seus filhos, também Ele nos protege do mal – porque o mal de fato existe no mundo. E, do mesmo modo como, em seu coração de Pai, Deus nos perdoa, assim também Ele espera que nós perdoemos seus outros filhos, nossos irmãos, independentemente de quais tenham sido suas ofensas.

O Pai-nosso é uma oração de louvor e ação de graças, uma oração de petição e reparação. Em suas frases curtas e simples, encerra toda a relação entre o homem e seu Criador, entre nós e nosso amoroso Pai celestial. Trata-se de uma oração para todas as horas, para toda ocasião. É tanto a mais simples como a mais profunda das orações. Pode-se meditar continuamente cada palavra e frase de suas fórmulas sem jamais exaurir suas riquezas. Se fosse possível traduzir cada uma de suas frases em ações da vida diária, seríamos realmente perfeitos como nosso Pai celestial deseja. De fato, o Pai-nosso é o alfa e o ômega de todas as orações, a chave de todos os outros tipos de prece.

Se vivêssemos o tempo todo conscientes de que somos filhos de um Pai celestial, de que estamos sempre diante dos seus olhos, de que agimos em meio à sua criação, todos os nossos pensamentos e nossas ações seriam oração. De fato, estaríamos continuamente voltados para Ele – na presença dEle, perguntando, agradecendo, pedindo ajuda, implorando perdão após fraquejarmos. E toda oração verdadeira começa precisamente aqui: em nos colocarmos na presença de Deus. Essa é uma frase que todos os autores espirituais utilizam, um conceito que cada um de nós visualiza à sua maneira, mas cuja prática é às vezes mais difícil de alcançar. Palavras não são pura e simplesmente oração – nem mesmo aquelas do Pai-nosso que Nosso Senhor mesmo nos ensi-

5. LUBIANKA

nou, ou ainda as de alguma oração familiar com que nos acostumamos pela repetição constante. Não existe fórmula que funcione sozinha, nenhuma fórmula mágica que seja ouvida automaticamente por Deus e produza efeito imediato. A oração verdadeira é uma comunicação e só ocorre quando duas pessoas, duas mentes, de alguma forma se fazem realmente presentes uma diante da outra. Portanto, ao orar, devemos fazer mais do que simplesmente visualizar Deus presente como algum tipo de figura paterna. Essa presença fictícia não servirá; uma presença meramente imaginada não é o bastante. Pela fé, sabemos que Deus está presente em toda parte e que se faz presente a nós quando nos voltamos para Ele. Desse modo, somos nós que devemos nos colocar na presença de Deus, que devemos nos voltar para Ele na fé, que devemos superar a imagem para chegar à crença – na verdade, à compreensão – de que estamos na presença de um Pai amoroso, sempre pronto para escutar nossas histórias infantis e corresponder à nossa confiança pueril.

Tudo isso parece tão fácil quando lemos os autores espirituais ou ouvimos um mestre de noviços explicar. De fato, nas raras ocasiões em que acontece, a oração *é* fácil. A conversa com Deus se dá facilmente sempre que sentimos que Deus – não há outras palavras que possam descrever a experiência – se encontra presente diante da alma. Todavia, a mente humana se distrai com muita facilidade. Além disso, também se engana facilmente. Pode dizer as palavras certas e murmurar fórmulas devotas tão facilmente quanto um cão «fala» pedindo comida. Ele aprendeu os sons que deve produzir e repete a fórmula adequada quando recebe a deixa certa. As fórmulas repetitivas, portanto, não são orações em si tanto quanto os latidos do pobre cachorro não são fala humana. Deus pode ouvi-las e compreendê-las, assim como ouvimos o cão e o alimentamos; alcança-se uma comunicação mínima, e nenhum esforço dirigido a Deus se perde. Todavia, nesse caso ainda não teremos aprendido a rezar de verdade.

A oração verdadeira ocorre, como mencionei, quando enfim nos encontramos diante da presença de Deus. Aí todo pensamento gera uma oração, e as palavras frequentemente se mostram supérfluas. Esta oração tem um caráter que absorve todos os acontecimentos e todas as circunstâncias. Quando alguém passa por isso, jamais se esquece. Não me refiro, contudo, a nenhuma grande graça mística. Falo apenas de uma conversa com Deus, da expressão espontânea de uma alma que percebe a si mesma, ainda que fugazmente, segura feito criança no colo do Pai amoroso e protetor. Surgem-lhe espontaneamente atos de adoração e de ação de graças, bem como perguntas, pedidos, reflexões sobre amigos e suas necessidades – tudo misturado a confissões confiantes dos próprios fracassos e a promessas simples de no futuro só seguir o que Ele ordena.

Às vezes, pela graça de Deus, esse momento de clareza e oração se dá quase inesperadamente. De modo geral, porém, a oração exige esforço da nossa parte. Se quisermos estar sozinhos com o Pai, devemos aprender, como o próprio Cristo aprendeu, a nos afastar das circunstâncias que nos cercam. No deserto, nas montanhas, nos campos... Jesus se retirava, deixava os apóstolos, os discípulos e as multidões que O seguiam para rezar ao Pai. Sobretudo para nós, é mais fácil estar sozinhos com o Pai se pudermos ficar fisicamente a sós, se conseguirmos nos retirar para um lugar sossegado, onde possamos colocar os pensamentos em ordem.

De fato, a nossa mente inquieta, o nosso principal instrumento em todas as formas humanas de comunicação, também é a nossa principal pedra de tropeço na hora de rezar. Parece predisposta à distração, e não à concentração. Prefere ser livre, vagar sem parar, apreender toda ideia nova e explorá-la em todas as direções, e não conservar a atenção numa direção só e permanecer focada. Quer estar sempre ocupada, trabalhando, se preocupando, lembrando, planejando e confabulando, impedindo e argumentando, buscando e perguntando. Chega até mesmo, nas nossas tentativas de rezar, a querer falar por Deus, a responder ela mesma aos nossos pedidos, assumindo para si todos os lados da conversa que pretendíamos divina. Ou, ainda, inflama-se de orgulho, impaciência, maus sentimentos, amargura ou ódio quando menos o desejaríamos; sente-se magoada ou ofendida, culpada ou desencorajada, justo quando estamos perto de atingir nosso objetivo. Às vezes – com muita frequência, na verdade –, o período que dedicamos à oração é todo gasto numa luta para controlar a nossa mente irrequieta, ordenar os pensamentos e focar a atenção em Deus. E nessas ocasiões consola e ajuda nos lembrarmos de duas coisas: de que (1) foi o próprio Deus quem iniciou a conversa, nos inspirando a dedicar algum tempo para a oração; e de que (2) Ele aprecia e abençoa nossos esforços para responder ao seu chamado.

A exemplo das fórmulas verbais, a postura não é essencial para a oração. A perseverança é. Ajoelhar-se não é necessariamente mais adequado do que ficar sentado; tampouco estar de pé é necessariamente melhor do que deitar. No entanto, o homem mortal é uma criatura peculiar feita de corpo e alma, e assim nossos esforços para controlar a mente com frequência se vinculam a nossos esforços para controlar o corpo. Relaxe o corpo e a mente sai correndo para se divertir. Somos criaturas de hábitos e conseguiremos, por vezes, atingir um autocontrole mais favorável à organização mental se assumirmos uma postura que associemos tradicionalmente à oração. Esse esforço e essa perseverança são um testemunho sincero do nosso desejo de responder ao chamado de Deus e obedecer à sua vontade. A disposição de tentar uma e outra vez encontrar Deus e a sua vontade na oração constitui por si só uma graça e uma bênção de importância crucial. Que outro propósito há na vida do homem além de cumprir a vontade divina? Cada esforço para seguir sem cessar o chamado dessa vontade é por si só uma graça e uma bênção de não poucas consequências.

Se fôssemos capazes de atingir a união com Deus na oração, perceberíamos a sua vontade com clareza e não desejaríamos nada além de conformar a nossa vontade com a dEle. Assim, é verdade que mesmo os esforços mais malogrados de nos unirmos a Deus na oração são tentativas de corresponder à inspiração e à graça que Ele nos envia para nos levar a rezar. No fundo trata-se portanto de esforços para conformar a nossa vontade com a dEle e para seguir os seus ditames. E, mesmo na pior das hipóteses, perseverar nesses esforços é botar em prática o hábito de vislumbrar a vontade de Deus a todo momento e em todas as coisas.

Lubianka foi, de várias maneiras, uma escola de oração para mim. Muito embora eu estivesse sozinho, praticá-la não era tão fácil. Mesmo trancafiado numa solitária, isolado dos sons e das imagens em que normalmente nos detemos (e que os autores espirituais denominam «distrações»), era impossível confinar minha mente e mantê-la organizada. Lá, aprendi a rezar do mesmo modo como todos nós aprendemos a fazê-lo. Fraco de fome, cansado e dolorido depois de longas horas de interrogatório, distraído por dúvidas e medos do futuro, dominado pelas ansiedades e sensibilidades anormais induzidas pela solidão e pelo isolamento constante, tive de aprender a me voltar para Deus o melhor que eu podia – e quando podia. Tive de aprender a encontrá-lO no meio das provações e nos silêncios enervantes; a descobri-lO e enxergar a sua vontade por trás de todos aqueles acontecimentos; a ver a sua mão e a pedir sua bênção em cada rosto que invadia minhas lembranças (ali, onde não havia nenhum rosto visível, exceto o dos guardas); a pedir perdão pelas minhas numerosas faltas antes e depois dos interrogatórios; a prometer o perdão e tentar perdoar os que eu por vezes achava estarem me perseguindo; e a pedir a todo instante sua proteção paterna contra os males que pareciam me cercar de todos os lados. *Senhor, ensina-nos a rezar*, pediram os discípulos. *Disse-lhes Ele, então:* «*Quando orardes, dizei: Pai [...]*» (Lc 11, 1).

6. Os interrogatórios

Quando vos levarem para vos entregar, não premediteis no que haveis de dizer, mas dizei o que vos for inspirado naquela hora; porque não sois vós que falais, mas sim o Espírito Santo (Mc 13, 11). Quantas vezes essas palavras não me passaram pela cabeça durante os interrogatórios conduzidos pela NKVD em Lubianka? Ou, ainda, estas outras palavras registradas por Lucas: *Gravai bem no vosso espírito de não preparar vossa defesa, porque eu vos darei uma palavra cheia de sabedoria, à qual não poderão resistir nem contradizer os vossos adversários* (Lc 21, 14-15). Quantas vezes eu não desejei calar um interrogador com uma observação brilhante, um argumento irretorquível! As coisas, porém, nunca pareciam funcionar assim.

Quando me convocaram ao interrogatório pela primeira vez, estava completamente à vontade e confiante. Sabia que a acusação de ser espião do Vaticano, que me fizera parar em Moscou e em Lubianka, era totalmente falsa e obviamente absurda (assim pensava eu). Não havia como levar a sério uma acusação tão exagerada, e eu tinha certeza de que os «graúdos» da NKVD também achariam isso quando se inteirassem do meu caso e conhecessem os fatos. Nesse quesito, as minhas ilusões foram estilhaçadas. Até hoje não sei se realmente acreditavam na acusação. Talvez algum «graúdo» tenha concluído que era impossível ou perigoso reconhecer a enorme quantidade de trabalho gasta com um zé-ninguém, de modo que os meus interrogadores estavam determinados a provar que nenhum erro fora cometido... Seja lá qual fosse a razão, insistiram, com uma dedicação letal, para que eu admitisse a acusação, que para mim parecia fantástica. Eles eram implacáveis, detalhistas e bons no que faziam.

Quando, após o período inicial de confinamento solitário, os interrogatórios em Lubianka começaram, continuaram quase sem interrupções. A sessões poderiam se estender por dias, mas o normal é que varassem a noite; por algum motivo, preferiam-se as sessões noturnas às diurnas. Eu tinha certo número de interrogadores, que empregavam métodos variados. Podiam ser amigáveis ou hostis, encantadores ou agressivos, raivosos ou impassíveis; podiam ser ameaçadores ou encarnar a voz da razão. O objetivo, contudo, era sempre o mesmo.

À medida que os interrogatórios prosseguiam, eu tinha de responder repetidas vezes a um conjunto fixo de perguntas retiradas de um formulário impresso que ficava sobre a mesa. O interrogador registrava cada resposta em grandes folhas de papel. Com frequência, parecia não fazer quase nenhum esforço para de fato compreender o que eu estava tentando dizer ou explicar. De vez em quando, ele se recostava na cadeira e lia para mim o que tinha escrito. Então, me perguntava se estava substancialmente correto. Eu ten-

6. OS INTERROGATÓRIOS

tava assinalar como ele simplesmente distorcera o sentido de todo o conteúdo factual de minha resposta, no intuito de harmonizá-la com um padrão preconcebido e já julgado de antemão. Muitas vezes, chegavam a empregar os jargões da sua ideologia. Minha presença entre os trabalhadores de Tyoplaya Gora, por exemplo, era descrita como se eu fosse um agitador externo enviado para incitar as massas a se revoltarem contra o regime e o sistema.

No começo, eu tentava argumentar ou fazer o interrogador alterar o que havia escrito. Quando se dava ao trabalho de ao menos tomar nota da minha reclamação, ele em geral dizia que registrara os fatos tal como eles se apresentavam aos olhos da lei soviética. A constituição soviética permitia a prática da religião em âmbito individual, mas proibia a pregação religiosa. E essa injunção era obviamente sábia, pois, sob o pretexto de ensinar religião, a Igreja na verdade pregava o ódio ao comunismo. Os pronunciamentos dos papas sobre o comunismo eram evidência clara disso. O interrogador dizia também que não estava ali para discutir esses assuntos. O seu trabalho não era descobrir se eu estava envolvido em algum complô contra o governo – minha presença no país como padre estrangeiro era suficiente para não haver dúvidas disso –, mas se inteirar de todos os detalhes desse complô, incluindo meus possíveis colaboradores, meu financiamento, os meios a serem empregados, bem como todas as organizações que conspiravam comigo. Por fim, ele me acusaria de reter informações e sugeriria que fôssemos direto ao que interessava.

Depois de repassar as mesmas perguntas e as mesmas respostas várias vezes diante de diversos interrogadores, simplesmente desisti de discutir. Em vez disso, me concentrei em tentar dar sempre a mesma resposta, uma vez que a menor variação seria tratada como escorregadela, como um ponto fraco da minha narrativa que poderia ser atacado e explorado para fazê-la parecer mentirosa ou contraditória. Ao mesmo tempo, se eu repetisse exatamente a mesma história uma vez e outra vez, se oferecesse os mesmos detalhes autobiográficos e as mesmas sequências cronológicas, o interrogador poderia ficar furioso. Ele interpretaria a uniformidade das respostas como prova de que não passavam de uma mentira cuidadosamente memorizada.

Com o passar dos meses, meu otimismo ingênuo e minha autoconfiança deram lugar ao ressentimento e à repugnância. Era quase intolerável encarar mais uma sessão de perguntas. Quando o guarda me chamava para atravessar novamente os corredores mal iluminados rumo ao escritório dos interrogadores, minha sensação de repulsa era tão forte que meu corpo começava a se sacudir, tamanha a tremedeira. Era algo incontrolável, e nada do que eu fizesse dava conta de impedir essa reação. Todavia, o pior de tudo talvez não fosse sequer isso, mas o fato de eu ter começado a desistir. Estava cansado de tentar corrigir os mal-entendidos que cercavam cada uma de minhas ações e passei a ficar indiferente ao que o interrogador dizia ou escrevia. Parecia tão inútil continuar tentando... Assim, simplesmente dei de ombros, abandonei minhas tentativas e me restringi, sempre que possível, a responder «sim», «não» ou um « não sei» que não me comprometia.

A lei estipulava o prazo de um mês para a investigação de um caso. O meu entrara no décimo segundo, e os interrogatórios continuavam. Minha paciência e autoconfiança, e até mesmo a teimosia que me era inata, começavam

6. OS INTERROGATÓRIOS

gradualmente a ceder. Estava cansado do esforço, cansado da luta, cansado sobretudo de resmungar no silêncio da solitária, cansado de cada uma de minhas ações após as sessões de interrogatório. As dúvidas me cansavam, bem como os medos, a ansiedade e o estresse constantes. O último interrogador parecia um homem razoável, de fala mansa, dotado de sentimentos humanos. Parecia compreender o quanto eu estava ansioso para dar fim ao incessante questionamento. Sugeriu, então, que poderíamos dar fim àquilo se eu cooperasse e contasse toda a verdade. Falou em deixar tudo para trás, em sair de Lubianka e da solitária. Essa ideia – a de voltar a conviver com pessoas – bastou para me fazer balançar. Eu já não me importava com o que aconteceria comigo no final: só queria acabar com aquela lenga-lenga – e quanto mais cedo, melhor. «Sim, direi a verdade, cooperarei com você», respondi. Não quis dizer que contaria mentiras ou que concordaria com algo que já não tivesse sido acordado antes; ao mesmo tempo, também não contestaria mais a interpretação que ele viria a dar aos fatos que eu admitia.

Já era tarde demais, claro, quando percebi o equívoco enorme dessa decisão. Do mesmo modo, ficaram claros para mim os motivos daquelas minhas ações, a minha fadiga mental, a minha frustração, a vontade de me ver finalmente livre da pressão física e psicológica dos interrogatórios e do isolamento. Assim, ao repassarmos juntos as perguntas pela última vez, tentei de novo mudar minha posição. Tentei recuar novamente para a posição vantajosa e irredutível que eu defendera com tanta dor e tanta teimosia ao longo dos meses. No entanto, meu interrogador gentil e cortês insistiu em manter sua vantagem: pareceu-me magoado, quiçá até irritado, com as «distinções» que eu queria fazer, com os «esclarecimentos» que eu oferecia. Ignorou tudo, não mudou nada, mas ficou me lembrando gentilmente de que, daquele jeito, o processo jamais chegaria ao fim. Desisti. Acabei me convencendo de que meus esforços eram inúteis e deixei que o processo fosse adiante, dando de ombros. Afinal, disse para mim mesmo, que importância tinha? Aquilo não faria diferença para ninguém mais além de mim, e eu só queria ir embora. Convenci-me de que havia dito apenas a verdade e que continuava a dizê-la. Tudo o mais tinha pouquíssima importância, fora o fato de que logo aquilo acabaria.

Uma vez tomada essa decisão fundamental, surpreendi-me com o modo como tudo se tornou mais fácil. Se alguma dúvida ainda me incomodava, dizia respeito ao que aconteceria comigo depois de Lubianka. O que quer que fosse, porém, a provação estava terminando. O fim estava próximo. A sensação de alívio pelo termo da tensão e da luta permeava todos os meus pensamentos. Eu teria de deixar que o amanhã cuidasse de si mesmo.

E o amanhã logo chegou. O interrogador ordenou que eu me preparasse para a última sessão. Explicou que eu teria de assinar os documentos que havia escrito. Era preciso ler e assinar cada página do material coletado. Ele me avisou que se tratava de um dos passos mais importantes de todo o processo. Não sei o motivo, mas não estava esperando aquilo: vi-me encurralado. Passei a noite toda lutando contra novas angústias e agonias mentais. Ressentia-me da aparente bondade e gentileza do interrogador, que me conduzira tão docemente àquele momento. Desejei poder renegar a promessa de cooperar e cancelar as sessões que tinham se seguido a ela. O que poderia fazer agora? Recusar-me a assinar os documentos? E depois? Aquele era o momento crítico caso o Espírito Santo desejasse interferir e proteger tanto a Igreja quanto a mim. Era agora ou nunca. Ou o martírio, ou a capitulação.

Ainda atormentado por esses pensamentos, fui convocado na manhã seguinte ao escritório do interrogador. Ele me entregou a pilha de documentos e me pediu que lesse e assinasse cada página. Era aquela a hora da decisão, mas eu enrolei um pouco. Comecei a ler os documentos com um ressentimento e uma incredulidade crescentes. Parecia incrível que tivesse concordado com aquilo! Continuei a ler, mas não assinei nada. Tentei refletir, mas descobri que, de alguma forma, minha mente havia parado de funcionar, tinha dado branco. Tentei pedir ao Espírito Santo que me inspirasse com algo que eu pudesse dizer ao interrogador, que me comunicasse as palavras de sabedoria que o impressionariam e o persuadiriam, em cima da hora, a acreditar em mim e modificar as acusações. Rezei para que o Espirito Santo me conduzisse... e não senti nada.

Sentindo-me abandonado por Deus, sabia que tinha de fazer alguma coisa. Queria jogar a pilha de documentos na mesa e dizer ao interrogador que não assinaria uma página sequer daquilo. O medo me impediu. Eu brigava comigo mesmo. Queria fervorosamente mostrar-lhe com quem estava lidando – não com um fracote, um padre impressionável, com medo de lutar por seus direitos; tampouco com um ignorante que não sabia o que estava acontecendo. Queria me manifestar e acabar com aquela história ali mesmo. Com efeito, as palavras que eu queria vociferar estavam na ponta da minha língua. Levantei, então, a cabeça lentamente e olhei para o interrogador, ocupado com outros papéis. As palavras «Não assinarei», contudo, não vieram. Eu estava com medo e zangado comigo mesmo por ter medo. Fiz um esforço extenuante para superar o receio que me afligia, mas só consegui ser sobrepujado por ele. Fiquei decepcionado, terrivelmente zangado. Baixei a cabeça novamente, confuso, e fingi que estava lendo.

O interrogador, contudo, finalmente prestou atenção em mim.

– Algum problema, Wladimir Martinovich? Por que não assina os papéis que está lendo?

Forçado, enfim, a responder, declarei debilmente:

– Não posso assinar isto do jeito que está. Não foi isso o que eu disse nem o que fiz. O senhor sabe que não sou o espião descrito de forma tão inteligente e exaustiva neste relatório.

Ao ouvir essas palavras, o meu interrogador gentil e amistoso se transformou por completo. Empalideceu, ficou furioso; de início, nem conseguia falar, tão intensa era a raiva que sentia. Só depois de respirar profundamente e por várias vezes é que conseguiu se forçar a dizer, de maneira calma e fria:

– O senhor não compreende, seu americano idiota, a seriedade desse procedimento final? O senhor está brincando com uma questão de vida ou morte. Ou o senhor assina o documento tal como ele está, sem modificar nada, ou nos livraremos do senhor da mesma maneira como nos livramos de todo espião. Uma guerra sangrenta está acontecendo lá fora. Caso o senhor não assine estas páginas, posso assinar outro documento que tenho aqui e que o fará estar morto antes mesmo do pôr do sol! De uma forma ou de outra, este é o fim. Faça o que o senhor tem que fazer; caso contrário, será morto.

Fiquei tão atordoado que me submeti. A mudança súbita e veemente do interrogador, o tremor em sua voz, que dava certo tom de terror e urgência às suas ameaças, o tumulto interno e a confusão que eu sentia, o choque de toda aquela experiência... Espontaneamente e sem refletir, peguei a caneta e comecei a assinar.

À medida que assinava aquelas folhas, quase sem lê-las, ia ardendo de vergonha e culpa. Sentia-me totalmente alquebrado e humilhado. Eis um momento de agonia do qual jamais me esquecerei. Estava com muito medo, mas ainda assim a consciência me atormentava. Depois de assinar as primeiras cem páginas, parei até de fingir que estava lendo o restante: só queria terminar com as assinaturas o quanto antes e sair do escritório do interrogador. Minha aversão àquilo tudo era acachapante. Condenei-me a mim mesmo antes que qualquer outra pessoa pudesse fazê-lo. Era abjeto aos meus próprios olhos, até mais do que devia parecer aos olhos dos outros. Minha força de vontade fora destroçada; provei que não era nem metade do homem que achava ser. Naquele segundo nauseante, eu havia cedido ao medo, às ameaças, ao pensamento da morte. Quando assinei a última página, quis sair correndo, literalmente, do escritório do interrogador.

De volta à minha cela, sentia-me perturbado, derrotado. De início, não conseguia compreender nem a dimensão nem o motivo do que havia acontecido comigo no escritório do interrogador. Era atormentado por sentimentos de derrota, fracasso e culpa; mas, acima de tudo, ardia de vergonha. Fisicamente, tive espasmos de tensão e nervoso. Quando enfim comecei a recobrar o controle dos nervos, pensamentos e emoções, voltei-me o melhor que pude para a oração.

No começo, porém, minha oração se constituiu de reprimendas. Repreendi-me por não conseguir me impor e me expressar diante do interrogador, por não ter me recusado a assinar o dossiê. Repreendi-me por ter cedido ao medo, ao pânico, bem como por agir simplesmente movido por um mecanismo de defesa. Não poupei nem mesmo Deus das minhas reprimendas. Por que havia me abandonado no momento mais crítico? Por que não sustentara minha força e meus nervos? Por que não me inspirara a falar com ousadia? Por que não me dera a sua graça para me proteger do medo da morte? E por que não permitira, como último recurso, que eu sofresse um ataque cardíaco com toda aquela tensão, ou mesmo um derrame, tornando impossível que eu assinasse os papéis? Eu havia confiado em que Ele e seu Espírito me dariam voz e sabedoria contra todos os adversários. Contudo, não tinha conseguido confundir ninguém – só eu fiquei alquebrado e confundido. E, se era eu quem não merecia a sua intervenção, acaso Ele ao menos não poderia ter me impedido de assinar coisas com reflexos tão ruins para a Igreja? Não eram a honra, a glória e o futuro do Reino de Deus na terra o que estava em jogo ali?

Aos poucos, decerto sob inspiração de Deus e da sua graça, comecei a questionar a mim mesmo e a minha oração. Por que eu estava me sentindo daquela maneira? A sensação de derrota e fracasso era facilmente explicável depois do ocorrido no escritório do interrogador, mas por que eu sentia tanta culpa e vergonha? Eu havia agido em pânico. Havia cedido sob ameaça de morte. Por que tinha de me considerar tão responsável, tão cheio de culpa, por atitudes tomadas sem uma deliberação plena, sem o total consentimento da vontade? Eu não fora de todo responsável naquele momento; estivera praticamente fora de mim. Minhas assinaturas haviam sido instigadas por um instinto quase animalesco de sobrevivência. Quase não se tratara de um ato consciente, e decerto não fora deliberado o bastante para merecer o adjetivo de «humano». Eu havia fracassado, é verdade; mas quanta culpa eu tinha naquilo, e por que tinha de me sentir tão envergonhado?

Devagar, relutante, sob os toques delicados da graça, encarei a verdade na raiz do meu problema e da minha vergonha. A resposta estava numa única palavra: «eu». Eu me sentia envergonhado porque sabia no íntimo que havia tentado realizar muita coisa sozinho e havia fracassado. Sentia-me culpado porque finalmente compreendera que havia pedido a ajuda de Deus ao mesmo tempo que continuava a acreditar na minha própria capacidade de evitar o mal e superar cada desafio. Eu passara muito tempo em oração ao longo dos anos, havia conseguido apreciar a Providência e ser grato a Deus por ela, por seu cuidado comigo e com toda a humanidade, mas nunca havia realmente me abandonado por completo. De certa maneira, vinha agradecendo a Deus por não ser como o restante da humanidade, por Deus me ter dado um bom físico, nervos estáveis e força de vontade. E, dotado dessas graças físicas com as quais Deus me havia presenteado, eu continuaria a cumprir a sua vontade em todas as ocasiões e com o melhor das *minhas* habilidades. Em resumo, sentia-me culpado e envergonhado porque, no final das contas, confiara quase completamente em mim mesmo na hora da provação mais importante... e fracassara.

Eu não havia, afinal, estabelecido até mesmo os termos em que o Espírito Santo deveria interferir em meu favor? Não havia esperado que Ele me preparasse para dar uma resposta – e uma resposta que eu já determinara de antemão? Tão logo me vi incapaz de experimentar sua ação nos moldes que eu havia esperado (exigido!), senti-me frustrado e decepcionado. Foi ali que tive a sensação de que Ele me abandonara, e então procurei fazer por conta própria o que já havia decidido que precisava ser feito. Eu não me abrira verdadeiramente ao Espírito Santo. Havia muito que já decidira o que esperava ouvir dEle, e, quando não ouvi precisamente *aquilo*, me senti traído. Se Ele queria me dizer algo mais naquela hora, não consegui ouvir. Estava tão concentrado em ouvir apenas uma mensagem, a mensagem que eu queria ouvir, que efetivamente me tornei surdo.

Essa tendência a estabelecer condições aceitáveis para Deus, de inconscientemente tentar fazer a vontade dEle coincidir com os nossos desejos, é uma característica bem humana. E, quanto mais importante é a situação, quanto mais estamos comprometidos com ela, quanto mais o nosso futuro depende dela, mais fácil é ficarmos cegos, achando que o que *nós* queremos é certamente o que Deus quer. Só conseguimos enxergar uma solução, e presumimos, naturalmente, que Deus nos ajudará a alcançá-la. Pelo menos em mim, sei que essa era uma tendência muito forte. Eu havia sido um menino assaz teimoso. Quando abracei a vida religiosa, via esse traço de personalidade como um dom de Deus, não como um defeito. Orgulhava-me por desenvolver esse meu lado através de práticas ascéticas

6. OS INTERROGATÓRIOS

como o jejum, as penitências severas, o fortalecimento da vontade e da disciplina. Acaso eu não teria ignorado que essas ações nem sempre eram respostas à graça de Deus ou feitas por algum motivo apostólico, mas também orgulho? Sim: eu me orgulhava de fazer essas coisas melhor ou com mais frequência do que os outros, como se competisse com as lendas dos santos a fim de provar que *eu* (essa palavrinha suspeita de novo) podia ser comparado a eles ou mesmo ser melhor que meus contemporâneos.

Que terrível coisa é essa escória do «eu», capaz de estragar até mesmo o que de melhor fazemos por motivos supostamente elevados! *Ele os provou como ouro na fornalha* (Sb 3, 6), diz o Livro da Sabedoria sobre a alma dos justos. De alguma forma, se quisermos ser agradáveis a Deus, as nossas almas devem ser purificadas da sujeira do «eu» mediante as dores e tribulações da vida. Cada um de nós recebe provações diferentes em épocas diferentes – superar o «eu» pode ser mais fácil para uns do que para outros –, mas todos fomos criados para fazer a vontade de Deus e não a nossa, isto é, para fazer a nossa vontade se conformar com a dEle, e não o contrário. Podemos rezar diariamente por essa graça, mas nem sempre somos sinceros. Podemos muito bem prometer, em oração, que faremos exatamente isso, mas não conseguimos ver o quanto do nosso «eu» ainda reside nessa promessa, o quanto ainda confiamos nas nossas próprias forças ao dizer que *nós* vamos agir assim. Desse modo, nas grandes ou pequenas provações, Deus às vezes permite que ajamos sozinhos para que possamos conhecer a humildade, para que possamos descobrir a nossa completa dependência dEle, aprender que todas as nossas ações são sustentadas pela sua graça, que sem Ele não podemos fazer nada, nem mesmo cometer nossos próprios erros.

Descobrir a nossa plena dependência de Deus e a nossa relação com a sua vontade: é nisso que a virtude da humildade consiste. Com efeito, humildade é a verdade, a verdade inteira, a verdade que abrange as nossas relações com Deus Criador e, por meio dEle, com o mundo criado e com nossos irmãos. O que chamamos humilhações são precisamente provações que testam o nosso grau de compreensão dessa verdade. É o «eu» que se humilha; não haveria «humilhação» se aprendêssemos a colocá-lo no seu lugar, a ver-nos corretamente diante de Deus e dos outros. Quanto mais forte «eu» for na nossa vida, mais severas serão as humilhações para nos purificar. Essa foi a terrível lição que aprendi na cela em Lubianka enquanto rezava, confuso e desalentado, depois da experiência com o interrogador.

O Espírito não me havia abandonado: toda a experiência fora resultado da sua ação. Meu sentimento de culpa e vergonha vinha de eu não ter conseguido colocar a graça na frente da natureza, de não ter confiado em Deus, mas nas minhas forças. Eu havia fracassado e sentia-me abalado até a raiz da alma, mas tratava-se de um abalo salutar. Se a ameaça do interrogador fora sincera, aquele momento tinha sido mesmo de vida ou morte. Ali, eu não vira a morte como Deus a vê ou como eu professava acreditar. Do mesmo modo como eu sempre encarara os interrogatórios – do início ao fim, consciente e, às vezes, inconscientemente – como uma competição entre a vontade do interrogador e a minha, assim também, naquele momento, eu vira a morte somente nos termos do «eu», e não como ela é na verdade: o momento do meu retorno a Deus. Eu tinha, portanto, motivos para sentir culpa e vergonha. Aquele fora um momento de completo fracasso da minha parte, no qual eu não conseguira me abandonar à vontade de Deus com pleno comprometimento cristão. Eu tinha falhado amargamente em ser aquilo que professava ser, em agir de acordo com os princípios em que dizia acreditar. E, no entanto, aquele momento de fracasso fora em si mesmo uma grande graça, pois acabou por me ensinar uma grande lição. Tratara-se de uma provação muito severa, mas Deus havia me sustentado e, agora, instruía-me à luz de sua graça.

Aquele que perseverar até o fim será salvo (Mt 24, 13). É esta a conclusão de todos os textos do Evangelho que versam sobre como devemos confiar no Espírito Santo e sobre como não precisamos nos preocupar com o que responderemos em épocas de perseguição. Eu havia interpretado esses textos literalmente. Esperara que o Espírito Santo me instruísse para que eu subjugasse os interrogadores e perseguidores. Quanta tolice e quanto egoísmo! Não era a Igreja que estava sendo julgada em Lubianka. Não se tratava do governo soviético ou da NKVD contra Walter Ciszek, mas de Deus contra Walter Ciszek. Fora Deus quem me provara com aquela experiência, qual ouro na fornalha; desejava ver o quanto do meu «eu» ainda subsistia após todas as orações e todas as profissões de fé na sua vontade. Naquele ano de interrogatórios, naquelas horas terríveis e derradeiras, a primazia do «eu», que havia se manifestado e fortalecido mesmo nos meus métodos de oração e nos meus exercícios espirituais, foi depurada, foi submetida a um purgatório, limpando-me até o mais íntimo do meu ser. Tratava-se, na melhor das hipóteses, de uma fornalha bem quente, quase tão quente quanto o próprio inferno. Ainda assim, graças a Deus, consegui suportá-la e acabei descobrindo o quanto tudo em mim dependia dEle, inclusive a minha sobrevivência. Descobri como havia sido tolice confiar apenas em mim.

De certa forma, naquele dia, tive a impressão de saber como São Pedro se sentira após sobreviver às suas negações e recuperar a amizade com Cristo. Muito embora Nosso Senhor lhe prometesse que, tendo se convertido uma vez, ele agora converteria seus irmãos, duvido muito de que Pedro tenha voltado a se gabar de que não abandonaria o Senhor ainda que todos os outros O abandonassem. Parece-me perfeitamente compreensível que ele, nas suas epístolas às primeiras igrejas, tenha recordado aos cristãos que era preciso trabalhar para a própria salvação com temor e tremor. É certo, afinal, que tão logo o homem passa a confiar nas próprias forças, começa também a trilhar o caminho que o levará ao fracasso. A maior graça que Deus pode conceder a alguém assim é pôr em seu caminho uma provação que ele não possa suportar com as próprias forças, para então sustentá-lo com a graça e fazer, desse modo, que seja capaz de aguentar tudo até o final e ser salvo.

7. Quatro anos de Purgatório

Duas semanas depois de assinar o falso dossiê que reconhecia coisas que eu jamais havia feito, informaram-me a punição pelos meus «crimes»: quinze anos de trabalhos forçados. A condenação veio numa chamada «sentença administrativa», não num veredito judicial. Porque se tratava da primeira vez em que eu era julgado, não passaria por um tribunal oficial nem por um colegiado de juízes. O veredito fora simplesmente decretado após a admissão de culpa. Gentilezas assim, porém, não mudavam o fato de quinze anos serem quinze anos.

Ao menos a tortura dos interrogatórios havia acabado, pensei eu. Cheguei a ansiar pela Sibéria e pelo trabalho árduo que viria. O sofrimento físico só tinha de ser suportado; não trazia consigo nenhuma vergonha ou culpa. As minhas orações desse período não eram mais de petição. Tampouco eram, é claro, de consolo. Tratava-se de orações de sofrimento, de dúvidas, de medo e ansiedade. Eu ficara tão abalado com a revelação e a compreensão de minha fraqueza que acabei por duvidar da minha capacidade de sobreviver a outro ataque à minha fé. Tinha medo de perder Deus de vista e fracassar completamente. Ansiava pelo dia em que deixaria a prisão e partiria para os campos de trabalho forçado. Aquele seria um novo começo, uma nova vida. Ali, talvez fosse possível esquecer os erros e as fraquezas e tornar a servir a Deus com mais fidelidade.

Mas não era para ser. Mais quatro anos de provas e interrogatórios se passariam em Lubianka até que o Senhor terminasse o enrijecimento e a depuração da minha alma. Não bastava compreender que Deus tinha permitido a experiência em Lubianka para me purificar da autossuficiência e me fazer confiar somente nEle. Depois do terrível período que foram o ano anterior e a sua crise final, eu finalmente conseguira assimilar essa verdade. No entanto, não basta a compreensão para levar algo à prática. E, agora, eu estava sendo conduzido precisamente para a prática da purgação.

De início, o interrogador me disse que aquele era um período de «esclarecimentos». Havia coisas por esclarecer, coisas nas quais ainda não nos aprofundáramos. Uma vez que eu concordara em cooperar, uma vez que eu de fato cooperara ao assinar o dossiê, ele estava certo de que as próximas sessões seriam as mais produtivas. Da minha parte, experimentei uma sensação imediata de repugnância e inquietação. Estava com muito, muito medo. Tendo fracassado uma vez, paralisava-me o medo de fracassar de novo e perder a última coisa na qual eu ainda me segurava, isto é, minha fé em Deus. Senti-me encurralado. O erro que eu cometera ao assinar os papéis agora estava sendo usado como alavanca para me fazer ir além. Xinguei-me novamente por ter cometido aquele erro, mas não

7. QUATRO ANOS DE PURGATÓRIO

conseguia encontrar nenhuma maneira de voltar atrás. O futuro parecia irrevogavelmente marcado por aquele momento de fracasso.

Eu estava tão desolado que até a oração parecia impossível. Sentia-me novamente em perigo, ameaçado, mas não conseguia encontrar esperança ou consolo na oração. Em vez disso, peguei-me censurando Deus por não me poupar daquela nova provação. Peguei-me questionando por que Ele permitia que aquilo continuasse dia após dia, sem pôr fim na situação nem me ajudar a sair da ladeira em que eu parecia deslizar.

Porque, àquela altura, «cooperação» parecia ser mais do que apenas esclarecer certos pontos discutidos nas sessões anteriores. *Cooperação* significava trabalhar para eles em vários planos que foram me sugerindo sucessivamente. Descreviam-me a vida no campo de trabalho nos detalhes mais sórdidos e amargos, e me fizeram notar a facilidade com que eu poderia escapar de tudo aquilo se trabalhasse para a NKVD. Primeiro fiquei irritado e, depois, envergonhado da minha indecisão. Por que simplesmente não me impunha e dizia que não? Em vez disso, protelei. Comecei a jogar um jogo de gato e rato com o interrogador, pedindo tempo para refletir sobre as várias propostas.

Ele jamais pareceu duvidar de que, no final das contas, eu cooperaria. Providenciou livros para mim, a fim de que eu pudesse passar o tempo lendo. Eram, na maioria, livros de história ou filosofia do comunismo, ou escritos de Marx e Lênin. Quando nos encontrávamos novamente, o interrogador me fazia algumas perguntas para verificar se eu entendera a argumentação e saber o que eu achava delas. Comecei a confiar mais uma vez na minha perspicácia e inteligência, a prolongar as discussões e, com isso, adiar a necessidade de decidir se cooperaria na prática ou não. Sentia-me, contudo, desalentado, pois sabia que cada passo dado naquele caminho só tornaria mais difícil e perigosa a recusa em cooperar. Minta uma vez e sua inocência estará perdida para sempre. Uma só queda basta para rachar o vaso. Talvez seja possível remendá-lo para que volte a ser útil, mas jamais será como novo. Eis o que acontece com a natureza humana decaída ou com o espírito humano partido. Torturado por aqueles pensamentos, eu ficava cada vez mais deprimido.

Por outro lado, o interrogador crescia em ousadia e confiança. Estava tão certo de que eu me juntaria a eles que chegou a sugerir uma jovem com a qual eu poderia me casar. Consegui convencê-lo de que toda a minha formação como sacerdote até ali não me predispunha ao casamento, de modo que o casamento não seria justo com a moça. Ele pareceu ver sentido naquilo: venci a discussão. Em seguida, já que o meu desejo era permanecer sacerdote, sugeriu que me tornasse membro da Igreja Ortodoxa. Explicou-me como lhe seria fácil conseguir isso, bem como uma plataforma em que eu pudesse denunciar o Santo Padre. Enfatizou o fato de a Igreja Ortodoxa ter condenado o fascismo e estar ajudando o governo na luta contra o totalitarismo, ao contrário do que fazia a Igreja Católica. O comunismo era atacado pelos papas, sobretudo por Pio XII, que certamente devia simpatizar secretamente com Mussolini e Hitler, dizia ele. Isso nos levou a longas discussões sobre a Igreja. Por fim, consegui convencê-lo de que, para mim, a Igreja Católica era ao menos tão importante quanto o Partido Comunista era para ele. Eu sentia por ela o mesmo sentimento de lealdade e comprometimento que ele sentia pelo Partido Comunista. Não dava para evitar: era parte de mim. Concordamos, pois, em discordar, e senti que havia vencido outra partida.

A minha depressão só aumentava ao longo de todo esse tempo. Fossem quais fossem as pequenas vitórias que eu obtinha, sabia que estava apenas adiando o inevitável. Em oração, pedia coragem e sabedoria para enfrentar cada nova discussão, mas lá no fundo eu estava certo de que tudo aquilo era um grande erro. Sempre, porém, que eu me pegava prestes a pedir o fim dos procedimentos, a assumir uma postura firme, voltava a encarar aquele terrível momento de decisão, de fraqueza e, por fim... de indecisão. Não conseguia ir adiante. Para piorar, sabia que, sempre que me aproximava daquela decisão sem conseguir tomá-la, fazê-lo seria cada vez mais difícil.

Um dia, as trevas se cerraram completamente à minha volta. Talvez tenha sido a exaustão, mas cheguei ao ponto de desespero. Vi-me sobrepujado pela desesperança. Sabia que estava chegando ao fim de minha capacidade de adiar a decisão e não via maneira de me livrar daquilo. Sim, desesperei-me no sentido mais literal da palavra: perdi todo o senso de esperança. Tudo o que via era minha fraqueza e minha incapacidade de escolher entre as duas opções diante dos meus olhos: a cooperação ou a execução. Não houvera menção recente a campos de trabalho; o interrogador apenas comentava como teria de entregar a seu superior um relatório a respeito de minha cooperação. Segundo ele, a execução era uma possibilidade que só dependia do capricho de alguns superiores. No entanto, não era a ideia da morte que me incomodava. Com efeito, cheguei às vezes a pensar no suicídio como a única saída para aquele dilema. Isso é ilógico, obviamente, mas o desalento e o desespero são assim. O que mais ocupava minha cabeça eram a falta de solução para aquilo e a minha incapacidade de lidar com a situação.

Eu de fato não sei como descrever esse momento com palavras. Sequer tenho certeza de quanto tempo ele durou. Sei, no entanto, que fiquei horrorizado e desconcertado tão logo passou; sabia que tinha ultrapassado todos os limites, que adentrara uma região de trevas que nunca havia conhecido. Era tudo extremamente real, e comecei a tremer. Fiquei assustado e envergonhado, vítima de um novo sentimento de culpa e humilhação. Já sentira medo antes, mas agora o medo era de mim mesmo. Sabia que tinha falhado no passado, mas agora se tratava do fracasso supremo. Tratava-se do desespero. Naquele instante de escuridão, não perdi apenas a esperança, mas também os últimos fiapos da minha fé em Deus. Fiquei a sós no vazio e sequer pensei ou lembrei da única coisa que me servira como guia constante, de minha única fonte de consolo em todos os outros fracassos, de meu recurso derradeiro. Eu perdera Deus de vista.

Ao perceber aquilo, e tomado de medo e tremores, voltei-me imediatamente para a oração. Sabia que precisava buscar o quanto antes aquele Deus de que me tinha esquecido, que precisava rogar para que aquele momento de desespero não me fizesse indigno de sua ajuda. Tive de rezar para que Deus não me permitisse mais esquecê-lO, para que jamais deixasse de depositar nEle a minha confiança. Reconheci que era incapaz de encarar o futuro sem Ele. Disse-lhe que as minhas capacidades haviam se arruinado e que Ele era minha única esperança.

7. QUATRO ANOS DE PURGATÓRIO

Subitamente, consolou-me pensar em Nosso Senhor e na sua agonia no horto. *Pai, se é de teu agrado, afasta de mim esse cálice!* (Lc 22, 42), dissera Ele. No Jardim das Oliveiras, também Jesus conheceu, em sua natureza humana, a sensação de medo e fraqueza que surge diante do sofrimento e da morte. Não apenas uma, mas por três vezes, pediu que sua provação fosse suprimida ou modificada. Em cada ocasião, porém, concluiu com um ato de total abandono e submissão à vontade do Pai: *Não se faça, todavia, a minha vontade, mas sim a tua* (Lc 22, 42). Não se tratava apenas de conformar-se à vontade de Deus, mas de uma rendição plena, de um despir-se de todos os medos humanos, de todas as incertezas a respeito da própria capacidade de suportar a Paixão, de cada resquício de dúvida que o ego poderia suscitar.

Que tesouro maravilhoso, que fonte de força e consolação a agonia de Nosso Senhor no horto tornou-se para mim a partir daquele momento! Com clareza, vi exatamente o que deveria fazer. Só posso descrever o ocorrido como uma experiência de conversão e relatar com franqueza que a minha vida mudou daquele momento em diante. Se meu momento de desespero havia sido um momento de escuridão completa, aquela experiência era uma experiência de luz ofuscante. Eu soube imediatamente o que precisava fazer – o que ia fazer. De alguma forma, soube também que conseguiria. Sabia que precisava abandonar-me por completo à vontade do Pai e viver, dali em diante, nesse espírito de autoabandono em Deus. Foi isso mesmo o que fiz, e só posso descrever essa experiência dizendo que se tratava da sensação de estar «soltando» algo, de estar abdicando plenamente do esforço ou da vontade de tomar as rédeas da minha vida. Falar é muito fácil, mas essa decisão afetou todos os momentos subsequentes da minha existência. Só posso chamar o que houve de «conversão». Eu sempre confiara em Deus. Sempre tentara identificar sua vontade e enxergar sua Providência em ação. Sempre entendera que a minha vida e o meu destino eram guiados por sua vontade. Em alguns momentos de maneira mais consciente do que em outros, eu me apercebera de suas injunções, do seu chamado, das suas promessas, da sua graça. Sobretudo nos momentos de crise, tentara descobrir sua vontade e segui-la o melhor que podia. Aquela, porém, era uma visão nova, uma compreensão totalmente diferente, algo que não se resumia a uma questão de ênfase. Até então, eu sempre vira meu papel na economia divina[1], o papel do homem, como uma posição ativa. Até então, eu segurara firmemente as rédeas de todas as minhas decisões, ações e empreitadas. Via que a minha tarefa era «cooperar» com a graça de Deus, comprometer-me com o trabalho da salvação. A vontade de Deus estava em algum lugar «lá fora», oculta, mas ainda assim clara e inconfundível. O meu papel, o papel do homem, era descobrir essa vontade e conformar minha vontade a ela, trabalhando assim para atingir os objetivos da Providência divina. Em essência, permaneci – o homem permanecia – mestre do meu destino. A perfeição consistia tão somente em discernir a vontade de Deus em todas as situações e, então, empregar todos os esforços necessários para fazer o que tinha de ser feito.

---

(1) A economia divina ou economia da salvação é o plano de Deus para a redenção levado a cabo através da Igreja com a cooperação dos homens. A palavra «economia» retém na expressão o seu sentido primitivo de «administração doméstica». (N. do E.)

7. QUATRO ANOS DE PURGATÓRIO

Agora, com simplicidade e clareza súbitas e quase ofuscantes, compreendi que vinha tentando fazer algo valendo-me apenas da minha vontade e do meu intelecto, algo que era, de uma só vez, demais para minhas forças e completamente equivocado. A vontade de Deus não estava «oculta» nas situações em que me encontrava; as próprias situações *eram* a sua vontade. O que Ele queria era que eu aceitasse aquelas situações como se viessem de suas mãos, que eu soltasse as rédeas e me pusesse inteiramente ao seu dispor. Pedia-me um ato de confiança plena, sem qualquer espaço para interferências ou para esforços irrequietos de minha parte, sem reservas, sem exceções, sem áreas nas quais eu pudesse impor condições ou hesitar. Ele me pedia uma entrega completa do «eu», na qual nada ficasse retido. Exigia fé absoluta: fé na sua existência, na sua Providência, na sua preocupação pelos mais ínfimos detalhes, no seu poder de me sustentar, no seu amor protetor. Era preciso perder aquela dúvida derradeira e oculta, o medo definitivo de que Deus não estaria ali para me colocar para cima. A sensação era a daquela terrível eternidade que separa a ansiedade da crença quando a criança se inclina para trás e abandona todo e qualquer suporte, descobrindo então que a água realmente a apara e ela pode flutuar imóvel e relaxada.

Tudo isso pareceu tão simples depois que o compreendi! Surpreendeu-me que custasse tanto tempo e tanto sofrimento aprender aquela verdade. Acreditamos, é claro, que dependemos de Deus, que a sua vontade nos sustenta em todos os momentos da vida. No entanto, temos medo de colocar isso à prova. Em cada um de nós resta sempre um fiapo de dúvida, um núcleo de medo que nos recusamos a encarar ou reconhecer, algo que diz: «Mas e se não for assim?». Temos medo de nos abandonar por inteiro nas mãos de Deus porque achamos que Ele não conseguirá nos aparar na queda. Esse é o critério supremo, o teste final de toda fé e toda crença, presente em cada um de nós, à espreita num canto da mente que temos medo de inspecionar. Não se trata, no fundo, de uma questão de confiança em Deus, pois nós queremos muito confiar nEle; consiste, antes, na crença suprema na sua existência e Providência, e isso exige um ato de fé puríssimo.

Da minha parte, foi a experiência da desesperança total nas próprias forças e capacidades o que me levou a realizar esse ato de fé puro, de abandono completo à vontade divina, de total confiança no seu amor, no seu zelo por mim e no seu desejo de me sustentar e proteger. Eu sabia que não podia mais confiar em mim mesmo; parecia mais sensato depositar toda a minha confiança em Deus. Era essa a graça que Deus me oferecera ao longo de toda a vida, mas que eu jamais tivera a coragem de aceitar por inteiro. Eu falava, sim, sobre encontrar e obedecer a vontade divina, mas nunca no sentido de abrir mão da minha. Falava sobre confiar nEle, e de fato eu havia confiado – nunca, porém, abandonando todas as outras fontes de apoio e confiando somente em sua graça. Nunca conseguira reunir as forças necessárias para me entregar por inteiro. Sempre havia limites que não ultrapassava, pequenas cercas demarcando o que, nas profundezas da alma, eu sabia ser um ponto sem volta. Na sua Providência, Deus fora constante em sua graça: sempre me oferecia oportunidades de fazer esse ato de fé e confiança perfeitas, sempre me instava a soltar as rédeas e confiar apenas nEle. Apenas quando minhas forças chegaram a um ponto de falência total é que acabei por me render.

Aquele momento, aquela experiência, me transformaram completamente. Posso contá-lo com toda a sinceridade e sem falsas modéstias, sem quaisquer exageros ou embaraços. Só posso dar a isso o nome de «experiência de conversão»: uma morte e uma ressurreição ao mesmo tempo. Não foi algo que busquei, que queria, que mereci, algum objetivo da minha luta. Como toda e qualquer graça, foi um dom gratuito de Deus. Que me fosse oferecida quando cheguei aos limites das minhas forças é simplesmente parte do grande mistério da salvação. Não questionei isso à época e sou incapaz de questionar agora.

Tampouco sei explicar como aquela experiência única teve efeito tão imediato e duradouro na minha alma e nas minhas ações habituais a partir dali, sobretudo quando tantas outras experiências, tantas outras graças, não surtiram o mesmo efeito. Ainda assim, foi uma escolha deliberada da minha parte. Sei que era uma escolha que eu jamais teria feito (e jamais tinha feito) sem a inspiração da graça de Deus, mas foi uma escolha mesmo assim. Escolhi, voluntária e conscientemente, abandonar-me à vontade de Deus, abrir mão das minhas últimas reservas. Sabia que estava cruzando, hesitante, uma fronteira que sempre temera cruzar. Daquela vez, porém, escolhi cruzá-la – e o resultado não foi uma sensação de medo, mas de libertação; não uma sensação de perigo ou desespero, mas uma nova onda de confiança e felicidade.

Do outro lado daquele limiar que eu sempre tivera medo de cruzar, as coisas pareciam profundamente simples. Só havia uma visão: Deus, que era tudo em todas as coisas. Só havia uma vontade a dirigir tudo: a vontade de Deus. Eu só precisava enxergá-la, discerni-la em todas as circunstâncias em que me encontrasse e permitir que ela me governasse. Deus está em todas as coisas. Ele sustenta todas as coisas e as dirige. Discernir isso em cada situação e circunstância, ver a vontade dEle em tudo, é o mesmo que aceitar toda circunstância e situação e deixar-se levar em perfeita confiança e fé. Nada poderia separar-me dEle, uma vez que Ele estava em todas as coisas. Nenhum perigo me ameaçava, nenhum medo me perturbava, exceto o medo de perdê-lO de vista. O futuro, ainda que estivesse oculto, estava oculto na vontade de Deus, e por isso mesmo me era aceitável, independentemente do que trouxesse. O passado, com todos os seus fracassos, não jazia esquecido: persistia para recordar-me a fraqueza da natureza humana e a estupidez de depositar a fé em nós mesmos. Todavia, esse passado já não me deprimia. Eu já não buscava a orientação do ego nem confiava nele para nada, de modo que não viesse a falhar comigo outra vez. Ao renunciar, completa e finalmente, a todo o controle da minha vida e do meu destino, fiquei aliviado de toda responsabilidade. Vi-me livre da ansiedade e da preocupação, de todas as tensões. Pude, assim, flutuar serenamente na maré da Providência de Deus, que me sustentava em perfeita paz interior.

 Repleto desse novo espírito e interiormente transformado, eu já não temia a próxima entrevista com o interrogador. Não via motivos para ter medo dele ou da NKVD, pois agora contemplava todas as coisas como vindas das mãos de Deus. Já não tinha medo de cometer um «erro», pois a vontade de Deus estava por trás de todos os desenvolvimentos e todas as alternativas. Seguro em sua graça, senti-me capaz de enfrentar toda situação e superar todo desafio; o que Ele escolhesse colocar no meu caminho, eu aceitaria.

A mudança que se operou em mim foi mesmo tão notável que o interrogador percebeu. Como nova proposta, disse-me que eu poderia trabalhar como capelão de um exército recém-formado de comunistas poloneses, sob a direção de Wanda Wasilewska[2]. Ou, ainda, como capelão do exército do general Ander, formado por poloneses livres e criado para combater no segundo *front*. Respondi apenas que estava disposto a qualquer uma das opções. Ele me pareceu genuinamente feliz com a prontidão da minha resposta e com minha nova disposição, concluindo que eu parecia mais relaxado e tranquilo – o que era de fato verdade, pois o medo de cometer um erro qualquer desaparecera agora que eu tinha consciência de que Deus estava comigo. Creio, no entanto, que ele suspeitou dessa súbita mudança de espírito.

– Ótimo – falou. – Direi ao comando que o senhor está pronto e disposto a trabalhar como capelão onde quisermos. Informo a resposta deles assim que a tiver.

Na próxima vez em que o vi, porém, ele tinha uma proposta nova. Disse-me que o comando queria que eu fosse para Roma e servisse como intermediário entre o Kremlin e o Vaticano. Agora que a União Soviética se juntara aos Aliados, talvez ambos pudessem assinar uma espécie de concordata sobre o comunismo. Concordei, embora achasse tudo absurdo e improvável. A ideia de retornar a

---

(2) Wanda Wasilewska (1905-1964) foi uma escritora e política comunista polonesa que viria a desempenhar um papel de destaque na formação da República Popular da Polônia, o estado socialista criado após a Segunda Guerra. (N. do E.)

Roma, para o mundo livre, talvez me empolgasse antes. No entanto, graças ao meu novo senso de abandono, me empolguei menos com essa oferta do que com as outras. Ir para Roma ou não era uma questão que Deus decidiria e providenciaria: eu estava pronto para aceitar tudo o que viesse das suas mãos. As discussões sobre a missão romana ocuparam muitas sessões com o interrogador, mas ao longo de todo aquele tempo me mantive distante e perfeitamente relaxado. Como era de se esperar, explicou o interrogador, eu não estaria sozinho em Roma, mas seria parte de uma equipe. Haveria, além disso, informações que eu teria de passar adiante, bem como detalhes que seria preciso informar a Moscou. Se eu não cumprisse a minha parte, se traísse sua confiança, meus companheiros me executariam sumariamente. Além disso, antes de partir para Roma, passaria por um mês de treinamento em certas técnicas de espionagem que me seriam úteis.

Em meio a tudo isso, mantive a paz. Antes, a ideia de uma cooperação dessas teria me perturbado e irritado, mas eu já não sentia essas angústias. Se tudo aquilo deveria acontecer, então aconteceria, e para um propósito que somente Deus conhecia. Se não era para acontecer, então jamais se dariam. Minha confiança na vontade e Providência divinas era absoluta; eu sabia que só precisava seguir os toques da graça. Tinha plena certeza de que, quando chegasse o momento de decisão, Ele me guiaria pelo caminho certo. E assim aconteceu. Quando o interrogador enfim me pediu para assinar o documento que oficializava a missão romana, simplesmente me recusei. Eu não havia pensado naquilo com antecedência. Com efeito, até então apenas me deixara levar. Subitamente, porém, a recusa me pareceu a única coisa a ser feita – e assim agi. O interrogador se tornou violento e irascível, ameaçando-me com uma execução imediata. Não senti medo algum. Acho mesmo que sorri. Sabia que tinha vencido. Quando ele chamou os guardas para me levarem embora – e tudo me levava a crer que me conduziriam diretamente para o pelotão de fuzilamento –, parti com eles como se escoltado por ministros da graça divina. Senti a presença de Deus naquele instante e soube que estava sendo conduzido para um futuro concebido por Ele e para seus propósitos. Eu não desejava nada além disso.

8. Em trânsito

Deixei Lubianka, não para encarar o pelotão de fuzilamento, mas para começar a longa jornada de Moscou até a Sibéria, e fiquei exultante. Empilhados nos trens de prisioneiros como gado durante a viagem cansativa, aparentemente interminável, ou conduzidos até paliçadas e campos de concentração lotados e primitivos, vivíamos sujeitos a condições deploráveis – até subumanas –, mas eu estava feliz apenas por ter gente por perto mais uma vez. Porém, para minha surpresa, mesmo ansioso por companheirismo e conversa, achei difícil falar com os outros no começo. Escutava, ávido e curioso, as conversas dos outros, mas falava pouco. Minha mente parecia ocupada em outros assuntos e às vezes eu tinha dificuldades até mesmo de compreender o que as pessoas falavam. Era uma desorientação estranha, causada sem dúvida pelos longos períodos na solitária e os hábitos de defesa mental desenvolvidos durante as sessões de interrogação. De início achei muito custoso tentar conversar com os outros prisioneiros. Mas já me sentia mais forte só de estar junto deles e ouvi-los conversar. Não sabia com certeza o que me esperava ao fim daquela jornada, ou especificamente para onde estava indo, mas aquilo tinha pouca importância no momento. Eu ainda era prisioneiro, mas me sentia livre, liberado. Era quase como se eu tivesse me erguido da tumba de Lubianka.

Estava desejoso por saber das notícias naqueles cinco anos de encarceramento, e também das atuais. Sabia que a guerra na Europa acabara no meu último ano em Lubianka. Os sinos na Praça Vermelha ali perto dobraram com emoção, e as notícias causaram tanta comoção e júbilo que um dos guardas espalhou alegremente a notícia entre os prisioneiros. Foi uma das poucas vezes em que soube alguma coisa do mundo. Agora eu estava ávido por informações sobre a guerra, o regime, sobre os outros prisioneiros e o mundo em geral. Sentia uma curiosidade incomum, estava quase viciado em histórias de todo tipo, até boatos. O hábito de organização mental que eu conseguira desenvolver na solitária rompeu-se com aquele bombardeio, e me via continuamente distraído, mesmo quando tentava rezar. Os contatos serenos e interiores com Deus de que eu desfrutara na prisão, períodos de reflexão ou de contemplação, agora eram menos eficazes e frequentes.

Esse não foi o único ajuste que tive de fazer. Meu desejo de ver a vontade de Deus em cada situação, de buscar e compreender sua providência agindo em todas as circunstâncias, mais uma vez começou a se chocar com o mundo real. Tinha sido fácil, durante os períodos de oração e contemplação, imaginar eventos futuros e ensaiar os modos de responder a eles. À luz daquela perspectiva, era fácil flutuar livre e euforicamente para o futuro, pronto para aceitar o que quer que Deus tenha preparado. Mas o futuro era ago-

8. EM TRÂNSITO

ra o presente, que como sempre se mostrava mais arisco e incontrolável na realidade do que em abstrato. Assim, o meu novo espírito de decisão interior de buscar, compreender e aceitar a vontade de Deus em cada detalhe de cada situação logo recebeu um teste difícil, aplicado pelas duras e várias vicissitudes da vida. Em outras palavras, eu havia ficado sozinho com Deus no topo da montanha, mas agora tinha de descer novamente para o burburinho, o tumulto e dissenso da vida lá embaixo.

E, um pouco como Moisés, a primeira coisa que descobri foi a presença do mal. Não como ideia abstrata ou definição filosófica, mas como realidade feia, brutal, dura, cruel até o fim. Porque fiz a maior parte do trajeto rumo à Sibéria através das vastas estepes, no confinamento tosco dos trens de prisioneiros ou nos campos de trânsito primitivos, em companhia de criminosos violentos. Não eram prisioneiros políticos como eu, mas marginais do submundo russo – iguais aos de qualquer submundo, suponho. Eram homens maus, calejados e ríspidos, tinham seus códigos de conduta, padrões de comportamento e conjunto de valores. Força e intriga eram as virtudes que admiravam, e viam na consciência um sinal de fraqueza. Há muito tinham aprendido a desprezá-la e viver por suas próprias regras. Eram absolutamente brutais e inescrupulosos. Assim, tratavam os prisioneiros políticos com arrogância; mesmo os guardas armados tinham medo de interferir demais na rotina deles ou de confrontá-los.

Eles não hesitavam em matar à menor provocação. A violência física para eles era apenas uma maneira de dominar os outros e instilar medo. Entre eles, havia certa hierarquia baseada na força, dureza e crueldade. Mas mostravam-se unidos contra todos «os outros»; ficavam juntos e demonstravam a mesma atitude de desprezo para com os de fora. Pareciam se ressentir particularmente dos prisioneiros políticos, a quem viviam perturbando. Chamavam-nos de traidores, e sentiam-se de alguma forma justificados em desprezá-los. Como os prisioneiros políticos eram em grande parte homens com educação formal, ou ex-oficiais do Partido Comunista, os marginais os hostilizavam como «paus-mandados da NKVD». Tudo isso, pelo seu código de conduta, lhes dava direito de dominar e maltratar esses homens. Tomavam deles, como por direito natural e sem questionamentos, toda a roupa e comida que quisessem. Qualquer tentativa de resistência ou combate era respondida com violência física. A força dava o direito. As surras vinham sem piedade nem remorso.

O mundo do crime e a mente criminosa eram algo totalmente novo para mim. Era ao mesmo tempo aterrorizante e fascinante. Pela primeira vez experimentei palpavelmente o poder do mal e como ele podia sobrepujar totalmente o poder do bem. Homens bons, sob aquelas circunstâncias, não eram páreo para quem estava disposto a mentir, roubar, intimidar, espancar, xingar ou mesmo matar sem escrúpulos. Um indivíduo precisaria abrir mão do que tinha de melhor em si, descer ao nível do instinto e da paixão animal para poder competir com aqueles homens ou responder à altura. Ainda assim não seria páreo para eles na violência física ou brutalidade, pois nada restringia aqueles homens, nada os constrangia. Tinham crescido acostumados à selva humana, onde os mais fortes e selvagens mandavam e os fracos sobreviviam pela trapaça. E o que faziam, faziam abertamente. Sentiam-se seguros e sem opositores no mun-

8. EM TRÂNSITO

do que habitavam, um mundo com seus próprios códigos, regras e valores, tão absolutos quanto qualquer «código moral» já criado, mas totalmente pervertidos.

Além disso, consideravam inquestionável o seu domínio sobre os outros prisioneiros, como se estivessem destinados por direito divino desde o começo dos tempos a governar o universo das prisões e dos campos de concentração. Era a arrogância do mal que o tornava tão assustador. Não havia opção, era preciso tornar-se tão mau e perverso quanto eles para poder retaliar. Alguns prisioneiros políticos recorriam a isso quando seus números permitiam. Mas o domínio que o submundo tem sobre o universo da prisão se baseia no terror, numa memória longa e num código organizacional que permite retaliar em outras oportunidades, em outros locais. Por exemplo: num campo de concentração, cheguei a ver delinquentes entrarem num alojamento e puxar para fora do beliche um prisioneiro político que, com amigos, espancara um criminoso que os tinha importunado em outro campo. Os marginais pisotearam o homem até a morte, diante dos homens atônitos e silenciosos. O submundo se gabava da sua capacidade de vingar os seus, e seu reinado não era contestado por causa do medo das ameaças de retaliação.

Tinha testemunhado um pouco disso na prisão de Perm. Não passara por nada daquilo nos últimos cinco anos em Lubianka, por causa da solidão do confinamento e do fato de a maioria dos detentos serem presos políticos. Mas agora eu tinha sido reapresentado àquele mundo da maneira mais rude possível. No trem de prisioneiros em que parti de Moscou, fiquei confinado num compartimento com vinte ladrões e outros criminosos. Eu era o único prisioneiro político entre eles. Assim que fui empurrado para dentro do compartimento pelos guardas, fiquei completamente indefeso. Eles tomaram minhas roupas extras para em seguida as trocar com os guardas por mais comida – só para eles. Depois, me desafiaram a dizer ou fazer qualquer coisa a respeito. Quando encarei o líder do grupo, calado e com raiva, ele me xingou, disse que não estava gostando do jeito como eu o encarava, e ameaçou mandar os companheiros me espancarem.

Foi um retorno difícil ao mundo real. Passei por medo físico, raiva e alguma confusão espiritual. Era aquela a situação, eram aquelas as pessoas (assim eu dizia para mim mesmo) que constituíam a vontade de Deus naquele dia. Eu não estava achando graça naquelas reflexões confusas – sentia-me confuso. Incapaz de rezar ou de me organizar mentalmente, sentei-me num canto do vagão e fiquei observando ansiosamente o que acontecia à minha volta.

Pensei nas necessidades da vida. De repente ocorreu-me que eu mal tivera de me preocupar com esse tipo de coisa no passado. Na prisão, providenciavam-me itens como comida, abrigo e roupas – por mais precários que fossem. Em certo sentido, nas palavras do Evangelho, eu não tinha precisado me preocupar com o que comer, beber, vestir, ou onde dormir: tudo me havia sido dado de alguma forma durante a minha vida religiosa ou nos campos de trabalho e nas prisões da União Soviética – eu só tinha precisado me preocupar com o reino de Deus e a sua justiça! Agora, ao ver os ladrões e criminosos obterem o sustento num universo com seu próprio conjunto de padrões e de «justiça», comecei a me preocupar com a minha sobrevivência. Os filhos daquele mundo eram certamente mais prudentes do que os filhos da luz. Como eu sobreviveria entre pessoas para quem nada existia além do mundo material e do presente? Sobreviviam porque haviam aprendido a sobreviver. Eram mestres nessa arte. Fora dos limites do comportamento e da consciência civilizada, atacavam os mais fracos e se vingavam da sociedade praticando crimes violentos e roubo. Na sua concepção, a sociedade lhes devia algo. Então tomavam o que queriam – simples assim.

Diante de tudo aquilo, não pude deixar de pensar em como as crenças e a perspectiva de vida delas eram diferentes das minhas. Não por me achar melhor ou superior a eles. Na verdade, era bem o contrário. Senti-me apartado deles, como um alienígena ou proscrito. Sua linguagem chocava, com o emprego rotineiro de blasfêmias, mas aquilo não era nada comparado com o abismo entre toda a concepção de vida deles e a minha. Não tínhamos quase nada em comum, exceto talvez nosso instinto humano de sobrevivência, instinto que me fazia tremer um pouco naquele momento. Quanto ao resto, desprezavam tudo o que eu valorizava. O que eu considerava virtudes, para eles não passavam de sinais de fraqueza; em seu código moral, tudo o que eu considerava pecado era virtude. Eles eram ateus, materialistas, oportunistas e absolutamente inescrupulosos.

Aos poucos, com a convivência durante os longos anos nos campos de trabalho, fui vendo que essas impressões iniciais não eram de todo exatas. Pude entender que, sob a aparência violenta e o código moral distorcido, aqueles criminosos também eram homens. Homens levados pelo medo, talvez mais que a maioria, mas homens ainda assim. Como todos, também tiveram seu quinhão de esperança. Como todos, ainda eram assombrados por lembranças – da família, dos entes queridos, de épocas mais felizes agora perdidas, das oportunidades desperdiçadas. Em certo sentido, eram homens reunidos em bando num mundo próprio, criado pelo mesmo ímpeto de amizade e camaradagem (mesmo que no crime) que todos os homens sentem, pela mesma necessidade de sentir-se seguro, pertencer a alguma coisa, de compartilhar um objetivo e um conjunto de valores em comum – embora para eles aquilo quase sempre significasse se vingar da sociedade. Compreender tudo aquilo nos anos posteriores não me fez aceitar ou aprovar suas ações de forma alguma, mas aprendi a me condoer deles como seres humanos, mesmo que ainda os temesse pelo que eram e pelo que podiam fazer. Mas naquele momento, no vagão, tudo o que eu sentia era medo; tudo o que eu podia ver agora era o pior lado daqueles homens, e fiquei sentado pensando apreensivo sobre o meu futuro entre eles.

Como seriam os homens que eu encontraria nos campos de prisioneiros para onde estava indo? Seriam como aqueles criminosos profissionais? Teriam adotado os valores e as atitudes daqueles prisioneiros para conseguir ir em frente e sobreviver no mundo das prisões? Se sim, como eu me adaptaria? Será que também teria de adotar a prudência dos filhos deste mundo para obter comida e roupas suficientes para sobreviver nos campos de trabalho forçado? Será que conseguiria tomar conta de mim mesmo?

Percebi quase imediatamente que estava fazendo perguntas e expressando dúvidas, algo que eu prometera não fazer ao me abandonar à vontade de Deus. E também compreendi que uma coisa é abrir mão dessas dúvidas e questões num momento de graça, inspiração e iluminação espiritual, mas outra coisa é impedir que essas questões surjam espontaneamente quando as circunstâncias difíceis de um único instante expulsam da mente tudo exceto os pensamentos sobre o aqui e agora. Assim, não senti vergonha dessas dúvidas e perguntas; simplesmente as julguei pelo que eram e tentei me organizar mentalmente para retomar o compromisso com Deus mesmo naquelas circunstâncias.

Eu não sabia como reagiria ao mundo onde fora tão rudemente inserido, onde viveria ainda por muito tempo. Só sabia que aquela era a minha vida, a vida que Deus quis que eu vivesse. Iria trabalhar numa vinha onde havia bem poucos trabalhadores. Mas a colheita, assim como o plantio das sementes, não dependeria de mim, mas da providência de Deus. Eu não sabia realmente o que Deus esperava de mim em todos os detalhes; nem sabia quanto eu podia esperar de mim. Mas precisamente por isso eu resolvera aceitar todas as coisas vindas da sua mão, não importava o que acontecesse.

Pensei de novo naquele trecho do Evangelho: *Os filhos deste mundo são mais prudentes que os filhos da luz.* Curiosamente, essas palavras não me saíam do pensamento; eram, ao mesmo tempo, um desafio estranho e empolgante para um sacerdote-apóstolo num trem de prisioneiros rumo aos campos de trabalho forçado. O desafio parecia óbvio. Será que o meu sacrifício, a minha dedicação total, o meu vigor para praticar a vontade de Deus poderiam ser menores do que as forças dos filhos desse mundo? Eles sabiam que, para sobreviver a uma longa sentença, era preciso encarar e conquistar um dia por vez. E eu não tinha me decidido a ver cada dia, um dia por vez, como um dom de Deus no qual eu deveria cumprir a sua vontade? Os prisioneiros sobreviviam porque aceitavam a vida como ela vinha, absorvendo os golpes, esperando apenas sobreviver a cada dia, um dia por vez. Certamente minha motivação me ajudaria a ver mais além. Cada dia para mim deveria ser mais do que um obstáculo a ser superado, um período a ser suportado, uma sequência de horas à qual eu precisava sobreviver. Para mim, cada dia vinha das mãos de Deus, recém-criado e vivo, repleto de oportunidades para fazer a sua vontade. Para mim, cada dia era uma série de momentos e incidentes a serem oferecidos de volta a Deus, a serem consagrados e devolvidos em total dedicação à vontade dEle. Era aquilo que o meu sacerdócio exigia de mim, como exigia de todo cristão.

Os filhos deste mundo se empenhavam para sobreviver a essa vida por qualquer método possível. Eu também devia me dedicar totalmente, mas com uma dimensão adicional. Não deveria tentar evitar as dificuldades nem aliviar o seu impacto. Eu deveria ver nelas a vontade de Deus, e por meio delas trabalhar para a minha salvação. Do contrário, agiria como um filho deste mundo e não como um filho da luz. Agiria não por fé, mas como um fatalista. Sobreviveria a uma série de momentos, a uma sucessão de dias, mas nem eles nem eu teríamos servido para nada afinal. Assim, resolvi mais uma vez aceitar todos os dias e todos os momentos como vindos das mãos de Deus, e oferecê-los a Ele o melhor que pudesse. Não sobreviveria passivamente apenas, como os filhos deste mundo, mas com a ajuda de Deus e da sua graça eu participaria ativamente – e sobreviveria. Nunca duvidei disso, porque não tinha medo de não conseguir sobreviver. A morte seria apenas o chamado para que eu retornasse ao Deus que eu servia todos os dias. A minha vida era fazer a vontade de Deus, como diz a simples oração que nosso Salvador nos ensinou: «assim na terra como no céu». A vontade dEle determinaria quanto tempo eu passaria na terra.

A paz retornava quando eu pensava nisso e rezava. Mais uma vez, era a paz do total abandono à vontade de Deus. Só que dessa vez eu não estava no isolamento silencioso de uma solitária em Lubianka. Estava no canto de um rústico e profano vagão de prisioneiros que se sacudia nos trilhos. A minha situação não tinha melhorado, mas a minha disposição para aceitar a vontade de Deus retornara. Com ela, vieram também a paz e uma confiança renovada – não na minha capacidade de sobrevivência, mas uma confiança e fé totais na capacidade de Deus de me sustentar e me dar toda a força de que eu precisaria para enfrentar os desafios que Ele me enviaria. De que paz e confiança eu precisaria mais? Até me peguei ansioso para voltar a trabalhar na sua vinha.

9. O corpo

O espírito está pronto, mas a carne é fraca (Mt 26, 41). Quantas vezes durante os longos anos passados nos campos de trabalho forçado me lembrei dessa passagem da Escritura, às vezes num espírito de leve ironia, mas geralmente na agonia da dor física excruciante ou no desespero da exaustão total. E quantas vezes durante aqueles anos pensei no quanto o corpo é importante para o homem, como o bem-estar do homem depende do bem-estar do corpo e na importância, em todas as atividades da existência humana, do papel desempenhado pelo barro em que Deus soprou a vida. «O homem é uma criatura composta de corpo e alma». Aprendemos a recitar essa verdade no nosso primeiro catecismo. Mas, enquanto o corpo não falha, enquanto não começa a doer ou chamar a atenção por alguma pontada ou pelo seu colapso total, nós o damos por suposto, nem mesmo reparamos nesse primeiro e precioso dom de Deus ao homem.

O meu segundo dia no campo de trabalhos forçados foi um desses dias. O primeiro dia já tinha sido bastante ruim. Eu fora designado para carregar carvão para o porão de um navio. O ritmo era frenético. Durante todos os longos meses de inverno, quando as águas estavam congeladas, o carvão ficava estocado às margens do rio Yenisei, no porto ártico de Dudinka. Durante o período relativamente curto do ano em que o gelo derretia e o rio se tornava navegável, todo o carvão tinha de ser carregado em navios e transportado. Então os prisioneiros de Dudinka eram forçados a trabalhar sem descanso, de doze a quinze horas seguidas sob a luz do sol dos dias compridos do verão ártico. A tarefa já era brutal por si só, mas já havia mais de cinco anos que eu não me exercitava; não estava em condições físicas de trabalhar. Contudo, me conduziram até o porão do navio, me deram uma pá e me mandaram espalhar o carvão que uma esteira ia despejando, a fim de que a carga ficasse bem distribuída por aquele espaço.

Eu trabalhava até quase cair – o que não demorava muito devido à minha condição – e depois retomava, com medo de morrer. Eu não tinha como parar a esteira, e se interrompesse as pazadas, acabaria soterrado por uma avalanche de carvão. Eu precisava me mexer o tempo todo, entre tropeços e escorregões, por cima do carvão cada vez mais instável à medida que o porão se enchia. Usava a pá o melhor que podia, mesmo depois dos braços e do peito perderem toda sensibilidade e eu já não ter nenhuma sensação dos movimentos mecânicos que fazia. Quando desabei no beliche de tábuas do alojamento naquela noite, tudo – cada músculo e tendão dos meus braços e pernas, do peito e das costas – parecia desconjuntado.

Na manhã do segundo dia, quando o sinal para despertar soou às cinco da manhã, cada músculo do meu corpo estava rígido feito ferro fundido. Tentar me levantar já foi uma agonia. O menor movimento era um grito de dor. Jogar minhas pernas por sobre a beirada do beliche foi uma tortura; ficar de pé, quase impossível. Como eu poderia marchar até o navio, pior ainda, como poderia carregar carvão por mais quinze horas seguidas? Não dava. Era fisicamente impossível. E, no entanto, foi o que fiz.

Aquela foi minha apresentação aos campos de trabalho forçado da Sibéria. Não houve um período de ajuste gradual. Depois de quase cinco anos de inatividade na prisão, chegamos ao campo de trabalho à tarde e começamos a jornada de trabalho integral já na manhã seguinte. A partir desse momento, com exceção dos totalmente incapacitados por doença ou dos dispensados por algum milagre, trabalhamos quase ininterruptamente. Para isso fomos enviados para aqueles campos específicos do norte distante. Nos pontos de transferência ao longo da rota desde Moscou, os doentes e frágeis haviam sido retirados. Não havia motivos humanitários por trás desses exames médicos, mas apenas uma política de pragmatismo extremo. O governo decretara que a Sibéria deveria ser industrializada. O trabalho naquela terra congelada era um pesadelo. Apesar das grandes promessas do governo e dos bônus altos, havia poucos voluntários; era preciso conseguir mão de obra, e os prisioneiros a forneceriam. Mas não valia a pena transportar e alimentar um prisioneiro, a menos que ele pudesse trabalhar. Se a detenção fosse o único propósito a ser atendido, havia muitas prisões onde os doentes, fracos e exauridos podiam ficar. Assim, os que fomos enviados para os ermos gélidos da Sibéria fomos para trabalhar. E foi o que fizemos.

As condições de vida nos campos eram intoleráveis. Os

alojamentos forneciam apenas o abrigo suficiente para sobrevivermos aos ventos cortantes, e só. A ração de comida era apenas o suficiente para suster a vida e nos dar energia para trabalhar. Havia uma «ração garantida», suficiente para nos manter vivos. Mas, como incentivo, havia também cupons de rações extra – «mais uma», «mais duas» e «mais três» – para os que superavam a quota de trabalho do dia. Esse plano de incentivo, de forma proposital ou não, chegava a ter o efeito contrário na disposição física dos prisioneiros. Por exemplo, se você não conseguisse cumprir sua quota por vários dias e só recebesse as rações garantidas, iria ficando mais fraco, e seria mais difícil ainda cumprir sua quota nos dias seguintes. Era um ciclo vicioso. Mas as pessoas sobreviviam.

O fato de termos sobrevivido àquelas circunstâncias é um testemunho da teimosia e do poder da vontade humana forçando o corpo além do que achamos ser possível suportar, um testemunho ao trabalho maravilhoso da criação de Deus que é o corpo humano. Nenhuma máquina projetada pelo homem poderia aguentar, dias a fio, o trabalho constante e intenso nas condições climáticas severas que o corpo humano suportava nos campos de trabalho forçado da Sibéria. Geralmente falamos do «espírito humano indomável» como o fator que sustenta os homens em crises desse tipo, mas o corpo certamente merece um pouco de atenção. Não o corpo treinado e perfeitamente condicionado do atleta, mas o corpo comum, fraco e subnutrido que todos nós recebemos. Foi sob o regime de trabalho exaustivo nos campos, sob a tortura constante da fome e do frio, com dor e sofrimento, ansiedade e doença, cansaço além da compreensão e resistência inacreditável, que eu realmente

9. O CORPO

entendi e apreciei a verdade do catecismo que diz que o homem é uma criatura composta de corpo e alma.

Existe uma vertente do ascetismo cristão que tende a desprezar o corpo, que o vê como a parte corrompível do homem e a fonte da sua corrupção. Uma vez que a alma é imortal e o corpo é corruptível, sobretudo os místicos orientais tenderam a considerar o corpo como uma besta estúpida que deve ser maltratada até se submeter, como se fosse um jumento turrão. «O espírito está pronto» para servir Deus e buscar a perfeição, mas «a carne é fraca», é preguiçosa e inerte, dada à concupiscência e ao pecado, busca seus próprios prazeres e distrai a alma de sua busca por Deus. Assim, os Padres do Deserto[1] do Oriente, por exemplo, procuraram submeter o corpo a penitências extravagantes e jejuns excessivos, a fim de dominar a fraqueza da carne e libertar a alma da tendência de ceder aos desejos da natureza mortal e pecaminosa. Essa tendência ainda faz parte, em maior ou menor grau, de certas correntes da espiritualidade cristã que consideram a natureza humana, especialmente a chamada «natureza humana decaída», vil e ignóbil, pecaminosa e por isso digna de desprezo e constantemente necessitada do controle e das restrições da parte mais nobre do homem. Penso que isso é um erro. Isso é gnosticismo e maniqueísmo, é catarismo, albigensianismo e jansenismo[2] e toda vertente herética

---

(1) Os *Padres do Deserto* foram monges cristãos dos séculos III e IV d.C que, em resposta a um chamado divino, retiraram-se do mundo para viver uma vida de dedicação plena a Deus no deserto, sozinhos ou em comunidade. Como aponta o autor, as exigentes penitências praticadas por essas pessoas poderiam, se separadas da verdade sobre a natureza do homem, levar, muitas vezes inconscientemente, à crença de que o corpo humano é mau. (N. do E.)

(2) Nomes de diversas heresias surgidas ao longo dos séculos que, em maior ou menor grau, desprezavam a matéria. (N. do E.)

que vê o mundo material como um mal, e a carne como predisposta ao mal. Por algum motivo, é sempre o pobre e velho corpo que se dá mal, como se a mente e a vontade não tivessem qualquer pensamento ou inclinação pecaminosa, como se o pecado não fosse precisamente a disposição da vontade (e não do corpo) contra a vontade de Deus.

O que aprendi nos campos de trabalho foi a ter um respeito e um amor tremendos pelo meu velho corpo. Era ele que suportava a carga de todo o sofrimento, embora a alma pudesse experimentar a angústia. E é o corpo quem tem de sustentar você, mesmo que você tenha toda a força de vontade e determinação do mundo. Era o corpo quem sentia a ferroada do vento, os dentes do frio, a cãibra dos músculos doloridos, a pele rachada e sangrando como se tivesse sido açoitada, a agonia aguda da fome, a luxação e mortificação dos tendões sobrecarregados. Queimaduras de gelo e os gemidos do estômago, pés inchados, olhos escorrendo, lábios rachados e juntas dos dedos tortas, maus jeitos e cãibras, dores e feridas: tudo isso o corpo suportava pacientemente pelos longos, longos dias de trabalho na nevasca, chuva fria ou lama de primavera do Norte distante. Mas ele sempre dava um jeito de nos fazer sobreviver por mais um dia. Era o corpo que suportava o sofrimento, sentia a agonia e carregava o grande peso nos ombros, a paixão diária e a morte lenta do trabalho desumano. Eu sempre, de muitas maneiras, dava o meu corpo como suposto. Na juventude, pratiquei esportes e sobressaí em alguns deles, como beisebol e boxe. Eu era brigão. Sempre queria superar todos, ser o melhor e o mais forte. Podia aguentar e distribuir pancadas. No começo da minha vida religiosa, até tentei superar as lendas dos santos, superar os jejuns e as penitências deles. Mas não fazia isso para castigar o meu corpo ou chegar à perfeição, mas para provar ao mundo e a mim como era forte. E, no entanto, apenas naqueles momentos, quando cada dia terminava em exaustão e o corpo implorava por cada minuto extra de descanso, cada pequena pausa no trabalho e farelo extra de comida, que realmente pude apreciar o presente maravilhoso da vida que Deus dera aos homens nos recursos do corpo humano.

A intimidade entre a alma e o corpo é uma maravilha da criação e um mistério da existência humana. Mas erramos ao pensar – já que a alma é quem será julgada depois da morte enquanto o corpo se esfacela no túmulo – que esse punhado de poeira mortal é um presente de Deus menor, menos nobre ou belo do que a alma imortal. É no corpo que existimos e buscamos a salvação. É no corpo que vemos e nos deliciamos com as belezas do universo criado por Deus, e é no corpo que nós carregamos as marcas da Paixão de Cristo. A relação misteriosa do corpo e da alma é uma característica essencial de nossa natureza humana. Se o corpo estiver doente ou ferido, cansado, faminto ou sobrecarregado, afeta o espírito, afeta o juízo, muda a personalidade. Uma pequena dor de cabeça pode afetar as nossas relações com as pessoas ao redor. É por meio do corpo que expressamos e experimentamos o amor, a bondade e o conforto. Uma menção às más condições do corpo basta para nos desculparmos de uma atitude irritadiça, mesquinha ou desagradável. Constantemente, dia após dia, hora após hora, nos encontramos sob a influência misteriosa da alma sobre o corpo e do corpo sobre a alma.

Os teólogos escreveram bastante sobre a Encarnação como ato central da nossa redenção, o ponto alto do drama da história da salvação. Escritores espirituais escrevem incansavelmente sobre isso, falando sobre redenção e atos salvíficos, sobre uma nova criação e a restruturação da ordem social, sobre a humanidade elevada e novamente tornada santa e una, sobre expiação, redenção e reconciliação do mundo caído com a vontade divina, sobre o novo Adão e o reino de Deus e a vida do mundo que há de vir. Mas o que costumamos esquecer é a simples verdade de que Deus, ao encarnar-se, assumiu um corpo humano. Nós não costumamos parar para refletir no significado mais básico dessa doutrina: que Deus também sabe como é sentir frio, cansaço, fome, dor, porque Ele também teve um corpo. Ele passou longas horas, anos a fio, exercendo o trabalho rotineiro e modesto de carpinteiro, seus pés cansados caminharam por muitos dias estradas empoeiradas; Ele encolheu os ombros para se proteger do sereno da noite ou da chuva fria, ficou sem dormir enquanto outros dormiam e sentiu sede, calor e cansaço, ficando prestes a desabar de exaustão.

Cristo com certeza sabe o que é acordar com os músculos enrijecidos e doloridos numa manhã cinzenta e baça, o que é sentir dor de cabeça, dor de dente, dores nas costas e nos ossos; deve ter ficado ansioso e irritado e aborrecido às vezes. Na Encarnação, o próprio Deus conheceu o que era a vida do homem, aquela criatura das suas mãos, composta de corpo e alma. Da escuridão do ventre para as trevas da sepultura, da infância à maturidade até a última, lenta e excruciante agonia da morte, Ele soube em primeira mão o que era viver como um pedaço de argila, sentir o toque refrescante da mão da mãe sobre a pele febril, provar o sal do suor e das lágrimas, ouvir música, o cantar dos pássaros e os xingamentos mais vis, tropeçar e cair, ser ferido, cortado e dilacerado. Ele finalmente gritou, como todos nós já fizemos em algum momento, pedindo para ser poupado de outras penas e dores. Resumindo, a Encarnação significa que Deus tornou-se homem, parecido conosco em tudo, exceto, como diz São Paulo, no pecado.

Em meio a tudo isso, será que Deus continuou a achar o corpo do homem bom, como Ele próprio afirmara nos primeiros dias da criação? Penso que sim. E por meio do corpo Ele conquistou a nossa redenção. Ao redimir-nos, não nos livrou dos sofrimentos, das dores, das mágoas. Assim como a Ressurreição é a nossa vitória e o nosso triunfo sobre a morte, mas não nos exime de morrer, também a Paixão nos redimiu do sofrimento, mas não nos eximiu de sofrer ou sentir dor. O exemplo de Cristo, porém, nos ensinou a olhar para o sofrimento de uma maneira nova, e a olhar para nosso corpo com um novo entendimento. A redenção e a salvação de cada indivíduo consistem em fazer a vontade de Deus, nem mais nem menos; *Pai*, disse Cristo na suprema agonia do Jardim das Oliveiras, *não se faça, todavia, a minha vontade, mas sim a tua* (Lc 22, 42). Mas Deus não nos pedirá, jamais pediu, que suportemos mais do que Ele mesmo suportou na sua Encarnação, no seu sofrimento e na sua morte, e também não pede que passemos por algo por que Ele mesmo não tenha passado.

Para cada um de nós, a salvação não é nem mais nem menos do que tomar diariamente a própria cruz de Cristo, aceitar como vontade de Deus o que cada novo dia nos traz, oferecer de volta a Deus a cada manhã todas as alegrias, os trabalhos e os sofrimentos do dia. Mas tudo isso são palavras abstratas. Como sempre, é o pobre e velho corpo que demonstra o seu significado na prática. E tomar a cruz de

Cristo significa na prática levantar pela manhã bem cedo e ir dormir exaustos. Significa a rotina, não o espetáculo. Significa a repetição tediosa e a dor, significa adiar por um tempo prazeres, felicidade ou o amor que o coração humano tanto deseja, a fim de que possamos cumprir aquilo que se espera de nós no momento. Significa trabalhar pelos outros, tocar a vida dos outros com o seu corpo. Quantas vezes – cansado e exaurido, quase à beira de um colapso por causa das condições do trabalho escravo, pensando que não tinha como pedir nem mais um passo ao corpo – não lembrei com dor e ironia das palavras «O espírito está pronto, mas a carne é fraca»? Verdadeiramente, o homem é uma criatura composta de corpo e alma, e nós trabalhamos para nossa salvação neste vale de lágrimas por meio da nossa carne. Ela é o primeiro presente que Deus e os nossos pais criam para nós; ela nos sustenta e suporta durante a nossa longa vida, e permite as alegrias e tristezas; e quando finalmente nos separamos na morte, a carne certamente merece todo o descanso que puder obter antes de se levantar para ser glorificada no Juízo Final.

10. Trabalho

Comerás o teu pão com o suor do teu rosto, disse Deus a Adão no Éden, *até que voltes à terra de que foste tirado; porque és pó, e ao pó hás de tornar* (Gn 3, 19). Tradicionalmente, o homem vê nessa frase divina uma maldição e no trabalho um castigo pelo pecado. Muitas pessoas certamente veem o trabalho como uma maldição, um mal necessário – especialmente o trabalho diário e rotineiro de um emprego entediante. Só o exercessem porque é graças a ele que se sustentam, alimentam e cuidam do bem-estar da família e do seu próprio na velhice. As pessoas não têm de gostar do trabalho, e geralmente não gostam. Mas se já houve alguém para quem o trabalho era uma maldição e um fardo sem nenhum componente redentor, esse alguém foi com certeza prisioneiro num campo de trabalhos forçados.

A ele, a sentença de Lênin – «quem não trabalha não come» – é aplicada na sua forma mais severa. Cada trabalho a que lhe destinam tem uma quota. Se ele cumprir a quota, come. Se não cumprir, recebe apenas a ração mínima para continuar vivo. E a quota é reajustada constantemente. Se o prisioneiro a cumpre todos os dias, ela aumenta. Se supera a quota na esperança de ganhar um cupom para «mais uma» ou «mais duas» refeições, a quantidade de trabalho que ele fez a mais passará a fazer parte da sua quota diária. Se ele quiser mais comida depois disso, terá de cumprir a nova quota. Para quem é forçado a trabalhar pela fome e que se vê enfraquecido pela inanição, esse último desdobramento é o mais cruel de todos.

Tive muito tempo para refletir sobre a natureza do trabalho e os motivos para trabalhar durante os meus anos na Sibéria; durante o trabalho nas docas e nas minas, na tundra congelada e descampada para construir do zero um novo campo de prisioneiros ou novas fábricas para atender às metas do governo soviético para a «industrialização» do norte em cinco anos. Trabalhávamos porque precisávamos trabalhar para comer, viver e sobreviver. O trabalho era a razão de termos sido deportados para os campos. Não havia outro motivo para nossa existência. Havia milhões de nós, e os encarregados não se importavam nem um pouco com quem morria ou sobrevivia. Não podiam alimentar bocas que não produziam. Nós havíamos sido condenados como inimigos do Estado. Se o nosso trabalho ajudasse a construir aquele Estado, seria considerado um ato de reparação e por fim seríamos libertados. Do contrário, até nunca mais.

O trabalho era certamente uma maldição sob essas condições. Os prisioneiros odiavam o trabalho, odiavam os oficiais que os obrigavam a trabalhar e odiavam o governo que os condenara àquela ocupação cruel. Apenas a necessidade de conseguir comida para sobreviver os fazia se apresenta-

10. TRABALHO

rem todas as manhãs aos mutirões – exaustos e de forma mecânica – a fim de marcharem pelos ermos árticos, braços atrás das costas, e encarar mais uma quota diária de trabalho. A vontade de sobreviver os forçava àquilo, e a ideia de sobreviver era tudo pelo que viviam, era tudo que tinham ali. Trabalhavam tanto quanto precisavam para sobreviver, e evitavam trabalhar tanto quanto possível, na medida em que não prejudicasse suas chances de sobrevivência. O trabalho não importava, mas a comida sim. E mesmo a comida só era importante porque sem ela um homem não sobreviveria por muito tempo. O que importava era chegar ao fim do dia. E, ao fim de cada turno de trabalho, os prisioneiros contavam os dias restantes em suas longas penas e agradeciam a Deus por mais um dia ter passado.

Não havia nada de enobrecedor no trabalho realizado nos campos. Exceto pela necessidade de trabalhar o suficiente para receber comida o bastante para sobreviver, o prisioneiro não via nenhum sentido no trabalho nem tinha qualquer senso de realização. Ele não compartilhava do desejo oficial de industrializar o norte, de estabelecer novos recordes de realização soviética, de domar a natureza selvagem e explorar a riqueza dos recursos naturais que jaziam sob a crosta congelada da Sibéria. De fato, os homens nos campos se comprazíam em sabotar o trabalho sempre que podiam. E mesmo que os soldados os observassem de perto, mesmo se tivessem de cumprir determinada quota de trabalho para poder comer, ainda assim tentavam realizar a tarefa da forma mais desleixada possível. Em vez de sentir algum orgulho pelo trabalho, encontraram nele um modo de se vingar daqueles que os obrigaram a trabalhar.

O espírito dos Komsomols, dos Jovens Pioneiros ou dos

stakhanovitas[1], das tropas de choque de trabalho comunista: nada disso era para eles. Para eles, nem mesmo o espírito simples do operário comunista comum, convencido pela constante propaganda de que o trabalho árduo é uma virtude do «novo homem soviético». Esse tipo de propaganda – nas escolas, nos jornais, no rádio e na TV, nas fábricas e nos outdoors – não faz distinção entre cidadãos. Exige o mesmo sacrifício dos estudados e dos não estudados, do operário rústico e do intelectual, do aldeão e do morador das grandes cidades. Esperava-se que todos se «voluntariassem» de tempos em tempos para realizar os trabalhos necessários, quer fosse trabalhar numa fazenda coletiva, remover a neve das ruas da cidade, varrer os parques, limpar o metrô, as estradas ou os centros de recreação pública, ou ainda descarregar vagões de carga ou outras tarefas que exigissem esforço físico pesado. O projeto não importava muito, e homens de todas as profissões participavam no esforço comum. Médicos, advogados, engenheiros, acadêmicos, professores, operários, burocratas, jovens alunos, donas de casa – todos ajudando livremente.

Ninguém se recusava, ninguém se sentia nem um pouco diminuído ao participar desses mutirões. Em vez disso, todos se sentiam contentes e até orgulhosos de fazer sua parte para criar uma sociedade melhor. Sim, muito do que se falava nessas ocasiões era da boca para fora, mera retórica – mas nem tudo. Havia um orgulho que o cidadão soviético

---

(1) O stakhanovismo foi um movimento fomentado pelo estado soviético para incentivar os trabalhadores a superarem suas metas de produtividade a fim de ajudar na construção da sociedade socialista. O nome é uma referência a Alexei Stakanov, mineiro que o governo impunha a todos os trabalhadores como modelo de eficiência e dedicação à pátria. (N. do E.)

comum sentia por fazer parte de uma sociedade que conquistou avanços tremendos – na indústria, economia, educação, ciência, e talvez também na cultura – na geração anterior, uma nação que se ergueu das cinzas e dos escombros da guerra para se tornar um dos dois titãs globais. É claro que as pessoas reclamavam e resmungavam do preço que tinham de pagar, da falta de bens de consumo, dos anos de dificuldades e sacrifícios. Mas até mesmo por isso os soviéticos podiam ficar – e ficavam – orgulhosos dos sacrifícios que fizeram, e assumiam o crédito pela sociedade que foi construída por seus sacrifícios.

Não havia nada desse espírito entre os prisioneiros dos campos siberianos, ainda que, no período em que trabalhamos lá, tenhamos construído cidades inteiras e fábricas enormes, aberto e explorado novas minas e completado todas as instalações necessárias para transformar um ermo árido e gélido num centro industrial funcional e produtivo. E fizemos isso nas condições mais primitivas, alimentados no limite da inanição, sem qualquer ferramenta além das mais essenciais. Realizamos isso com trabalho forçado, força bruta e um grande contingente. Não fizemos nada movidos por noções de desafio ou pioneirismo, mas como castigo, e porque tínhamos de trabalhar se quiséssemos continuar vivos. Mas fizemos mesmo assim. A industrialização do norte é agora uma realidade, graças ao trabalho forçado de milhões de homens. E, no entanto, a única sensação de satisfação que aqueles homens exaustos, famintos e coagidos tiveram em seus terríveis trabalhos foi a satisfação de sobreviver a mais um dia. E para os que sobreviveram até o fim, *aquela* foi sua conquista – não os prédios, nem a natureza domada, nem as construções que deixaram para trás. Mas o fato de que haviam sobrevivido e agora podiam se afastar de tudo aquilo. Em todos os meus anos de prisão nos campos da Sibéria, com poucas exceções, fui designado para os piores trabalhos e mutirões mais duros, por causa do tipo de acusação pela qual fora condenado. Além disso, os campos de trabalho me deram uma chance de voltar a trabalhar como sacerdote, e me aproveitei bastante disso. Os oficiais do acampamento sabiam dessas atividades por meio de informantes, e insistiam para que eu parasse. Quando me recusei, quando continuei a servir os meus companheiros, fui punido com uma designação para mutirões mais pesados, para os trabalhos mais difíceis, para turnos extra que me deixavam à beira do colapso e me roubavam todo o tempo e a energia de que eu precisaria para exercer o meu sacerdócio. Nenhum esforço, nenhum amigo ou simpatizante influente jamais conseguiu me transferir para um mutirão melhor, exceto em raras ocasiões e por curtos períodos de tempo. Em todos os anos na Sibéria, meu quinhão foi o de pertencer aos piores mutirões, que faziam o trabalho mais sujo, cavando alicerces com a mão, escavando longas valas de esgoto com picareta e pá no solo congelado, carregando e descarregando com as mãos nuas e a força bruta os materiais de construção pesada, rastejando nos buracos escuros e úmidos das novas minas, onde a morte esperava apenas um passo descuidado ou acidente.

Assim, pude conhecer, em todos aqueles anos, o pior do trabalho – sua faceta mais brutal, mais degradante, mais desumanizante. E, como disse, refleti muito sobre isso. Pensei muito, orei muito, meditei muito sobre o trabalho. O que era o trabalho para mim durante aqueles anos, se não um castigo, uma maldição até? Verdadeiramente, «comi o meu pão com o suor do meu rosto», e bem pouco pão. O que havia de nobre no meu trabalho? Eu nem mesmo tinha a satisfação que pais e mães, embora exaustos, sentem por ter providenciado comida e um pouco de conforto para a sua família. Eu não tinha o senso de desafio, de sacrifício, de patriotismo que um cidadão soviético voluntário sentia ao se oferecer para um ou dois anos de trabalho nas «terras virgens», deixando a família e tudo que lhe era mais caro para trás para viajar até o Ártico e ajudar a construir uma fábrica, abrir uma nova mina ou completar um conjunto habitacional. Mesmo o meu trabalho não oferecia quase nada que me desse orgulho ou satisfação: era o trabalho mais baixo, mais comum, mais duro, que não exigia habilidade ou pensamento, «só costas fortes e mente fraca», como dizíamos.

Mas ainda assim eu me orgulhava. Eu realizava cada trabalho o melhor que podia. Trabalhei até o limite das minhas forças todos os dias e fiz tudo o que minha saúde e resistência me permitiam naquelas circunstâncias. Por quê? Porque vi aquele trabalho como a vontade de Deus para mim. Não construí uma nova cidade na Sibéria porque Joseph Stalin ou Nikita Khrushchev quiseram, mas porque Deus quis. O trabalho que fiz não foi um castigo, mas um modo de obter a minha salvação com temor e com tremor. O trabalho não era uma maldição, nem mesmo o trabalho pesado de peão que eu realizava, mas um caminho para Deus – e talvez até mesmo um modo de ajudar os outros a chegarem a Deus. Assim, eu não podia considerar degradante aquele trabalho. Era na verdade enobrecedor, pois veio até mim direto das mãos de Deus. Era o desejo dEle para mim.

Meus companheiros de prisão, é claro, logo me perguntaram se eu tinha enlouquecido. Podiam compreender que um trabalhador superasse a quota para garantir mais comida, mas não por um sentido de orgulho ou realização. Minha força e resistência limitadas depois dos anos na prisão raramente permitiam que eu ultrapassasse a quota diária, e os meus companheiros não entendiam por que eu me esforçava tanto para dar o meu melhor todos os dias. Perguntavam como era possível que eu cooperasse com os desejos do governo, por que eu sempre fazia o melhor possível em vez de sabotar o trabalho, como eu podia ajudar a construir uma nova sociedade para os comunistas, que rejeitavam Deus e desprezavam tudo aquilo que me era mais caro. Os prisioneiros cristãos chegaram a me perguntar se não era pecaminoso cooperar com o comunismo ou mesmo parecer cooperar com o comunismo.

Tentei explicar que o orgulho que tinha do meu trabalho era diferente do orgulho que um comunista sentia ao construir a nova sociedade. A diferença era a motivação. Como cristão, partilhava com eles a preocupação de construir um mundo melhor. Podia trabalhar tanto quanto eles pelo bem comum. As pessoas que se beneficiariam do meu trabalho eram apenas isso: pessoas. Seres humanos. Famílias que precisavam de abrigo contra o clima ártico de Norilsk, pessoas em lugares distantes que teriam uma vida melhor por causa dos recursos naturais que eu ajudara a transportar da terra congelada até elas, ou por causa dos materiais que um dia seriam produzidos pelas fábricas que eu havia ajudado a construir. Assim, eu podia justificar minha cooperação nesse trabalho pelo bem de toda a humanidade, se fosse preciso. Nesse sentido, meu trabalho não diferia muito do trabalho realizado por outros homens em outros lugares. Mas havia mais: havia a compreensão de que o trabalho, por si só, não é uma maldição, mas uma participação no trabalho criador de Deus, um ato redentor e salvífico, nobre por si mesmo e digno de receber o melhor do homem, além de ser digno do próprio Deus.

Há uma verdade tremenda contida no fato de que, quando Deus se tornou homem, tornou-se trabalhador. Não um rei ou chefe de tribo, não um guerreiro ou estadista, um grande líder de nações, como muitos pensaram que o Messias seria. Os Evangelhos nos mostram Cristo professor, médico, taumaturgo. Mas essas atividades da vida pública foram realizadas em três curtos anos. Em todo o resto de sua vida na terra, Deus foi um carpinteiro de aldeia, e filho de um carpinteiro. Ele não criava bancos, mesas, camas, vigas-mestras ou arados com milagres, mas com martelo e serra, machado e enxó. Trabalhou longas horas ajudando o pai, e depois veio a ser o arrimo da mãe viúva, com o trabalho rústico de um artesão do campo. Nada que Ele tenha criado, pelo que sabemos, ditou tendência ou se tornou um item de colecionador. Ele trabalhou em uma carpintaria por dias e semanas a fio, durante uns vinte anos. Cumpriu o trabalho que todos nós precisamos cumprir em nossas vidas. Não havia nada de espetacular naquele trabalho, rotineiro e provavelmente entediante. Não há muito que possamos dizer sobre o nosso trabalho atual ou anterior que não possa ser dito também sobre o trabalho que o próprio Deus realizou quando se fez homem.

Mas Ele não considerou aquele trabalho aviltante, indigno, desumanizante. Na verdade, Ele devolveu ao trabalho do homem a sua dignidade original, a sua função essencial como união ao ato criativo de Deus. Uma vez mais, Deus trabalhou, e descansou no sétimo dia. No entanto, para Nosso Senhor aquilo não era apenas um ato simbólico, como o de um político que varre um trecho de calçada para lançar uma campanha de limpeza ou que posa para fotos usando uma pá numa cerimônia de início de construção. Ele trabalhou todos os dias por cerca de vinte anos para nos dar o exemplo, para nos mostrar que aquelas tarefas rotineiras não eram indignas do homem, nem mesmo de Deus, que o trabalho simples de casa e o trabalho repetitivo do assalariado não são males necessários, mas obras nobres e redentoras dignas do próprio Deus. O trabalho não pode ser uma maldição se o próprio Deus trabalhou. Comer o pão com o suor do rosto é fazer simplesmente o que o próprio Cristo fez. E Ele o fez por um motivo. Ele o fez por anos a fio, por mais de três quartos de sua vida na terra, para nos convencer de que Deus não nos pediu que fizéssemos nada mais tedioso, mais cansativo, mais rotineiro, sem graça e sem emoção do que o próprio Deus fez. Ele o fez para deixar claro que o trabalho mais sem graça e entediante permite – ou pode permitir, se for visto da maneira adequada com relação a Deus e a eternidade – a união com o trabalho divino da Criação e da Redenção, uma oportunidade diária de cooperar com Deus nos atos centrais do seu pacto de salvação.

Para mim, sacerdote, a ideia de Cristo carpinteiro, Cristo operário, era motivação o suficiente. Agora eu podia trabalhar novamente como sacerdote nos campos – mas aquele não era o único trabalho que Deus me enviara para realizar. *Dei-vos o exemplo*, disse Ele aos discípulos na Última Ceia, *para que, como eu vos fiz, assim façais também vós* (Jo

13, 15). O meu ministério não consistia apenas em ensinar, em curar, em administrar os sacramentos – assim como a vida de Jesus na terra não consistira apenas os últimos três anos de sua vida pública. Fui colocado lá no meio dos campos para trabalhar como Ele trabalharia se estivesse no meu lugar. Pois eu era Cristo naquele campo de prisioneiros. E uma das coisas que eu tinha para ensinar era que o trabalho, qualquer trabalho, tem valor por si só. Tem valor enquanto participa do ato criador de Deus. Tem valor enquanto participa dos atos redentores de Deus. Tem valor por si só, e tem valor para os outros.

Por meio do trabalho busquei não só a minha salvação – aceitando das mãos de Deus as situações e trabalhando para devolvê-las a Ele um pouco melhoradas pelos meus esforços –, mas também a salvação dos outros, pelo menos pelo exemplo que eu podia dar. Além disso, podia oferecer o trabalho, as dificuldades, como ato redentor por outros como meio de reparação e expiação pelas faltas passadas, as minhas e as deles. Nas circunstâncias cruéis dos campos de prisioneiros – onde os homens haviam perdido todo sentido e toda compreensão da dignidade – eu, como sacerdote, precisava assumir o papel de Cristo. Pelo meu comportamento no trabalho – todos os dias, todas as horas, dando o melhor de mim, usando todas as minhas forças –, precisava demonstrar novamente no vento e na neve dos ermos siberianos o que Cristo demonstrara ao longo de vinte anos de carpintaria em Nazaré: que o trabalho não é uma maldição, mas um dom de Deus, o mesmo dom que ele deu a Adão, o primeiro homem, quando o criou em sua imagem e o colocou no Jardim do Éden para cuidar e manter como representante do Senhor.

11. O sacerdócio

Embora repletos de dificuldades e sofrimentos, os campos de prisioneiros da Sibéria encerravam ao menos um grande consolo para mim: pude voltar a exercer o meu ministério sacerdotal. Pude celebrar a Missa outra vez, ainda que em segredo, ouvir confissões, batizar, confortar os doentes e atender aos moribundos. Pude falar com os outros sobre Deus e instruí-los na fé, encorajar os que sentiam a fé vacilar, ajudar e esclarecer os que eram crentes apenas superficialmente e queriam mais, os que poderiam ter dito, com aquele homem que aparece nos Evangelhos: *Creio! Vem em socorro à minha falta de fé* (Mt 9, 24).

Claro que nada disso podia ser feito abertamente. As autoridades dos campos não se limitavam a olhar de cara feia para as atividades sacerdotais. Oficialmente, eram contra a religião, e tinham o poder das leis e da constituição soviéticas, que proibiam o proselitismo. Mas a sua oposição era motivada por algo mais. Eles sabiam que sacerdotes tinham influência em outras pessoas. Do ponto de vista dos responsáveis pelos campos, isso os tornava especialmente perigosos, não importava o que dissessem aos outros prisioneiros. Assim, os sacerdotes eram chamados regularmente para entrevistas com os agentes de segurança da NKVD. Passei por algumas dessas entrevistas. Um dos seus objetivos era promover uma guerra psicológica constante, uma forma de assédio e intimidação, um lembrete não muito sutil de que inimigos perigosos do povo soviético como os sacerdotes estavam sob vigilância constante.

De vez em quando nessas entrevistas, os agentes de segurança deixavam escapar que ficavam sabendo imediatamente de grande parte da atividade dos padres por meio de informantes. Todos sabiam que os campos eram cheios de delatores. Os prisioneiros que trabalhavam nos escritórios dos campos suspeitavam ou mesmo sabiam com certeza quem eram os informantes, e avisavam aos amigos em segredo para que não se envolvessem com aquelas pessoas. Alguns informantes eram espancados como retaliação. Eu soube de casos de alguns que foram até mortos. De modo geral, porém, todos os prisioneiros presumiam que essas pessoas simplesmente cederam à pressão da NKVD; era um fato da vida, e a prioridade de cada um era sobreviver. Assim, os outros prisioneiros podiam sentir pena do delator, ou desprezá-lo, mas como medida prática simplesmente o evitavam, ou não falavam com ele sobre nada além do mais básico. Numa sociedade tão próxima como a de um campo de trabalhos forçados, não demorava muito para as notícias sobre quem tinha virado delator se espalharem. Isso facilitava a vida dos outros prisioneiros, de certa forma, mas também servia aos propósitos das autoridades. Gerava um sentimento de desconfiança entre nós; as pessoas tinham muito medo de se abrir com as outras a não ser que fossem realmente íntimas. E isso dificultava muito o surgimento de alguma organização ou conspiração entre os prisioneiros.

11. O SACERDÓCIO

Da mesma maneira e por motivos idênticos, tenho certeza de que os agentes de segurança queriam que se soubesse que os padres eram vigiados o tempo todo por delatores, para que um prisioneiro pensasse várias vezes antes de falar de religião em meio àquele crescente círculo de desconhecidos. Outra razão para as frequentes entrevistas de segurança com os padres era descobrir o que os prisioneiros *andavam dizendo*. Se não falavam de religião com os padres, então deviam estar falando de outras coisas além do clima. Era assim que os homens da NKVD tentavam descobrir o que se dizia no campo, quem eram os líderes dos vários grupos, as confidências trocadas no alojamento, o que os prisioneiros achavam do regime, do sistema, do futuro, etc. Sempre me recusei a cooperar com esse tipo de questionamento. Já tinha me fartado desse tipo de cooperação com a NKVD em Lubianka. Mais do que isso, sentia que tinha de ser extremamente cuidadoso para não dar a aparência de estar cooperando, de outra forma os prisioneiros não confiariam em mim para o sacramento da Confissão. Claro que comprometer o segredo da confissão nunca me passou pela cabeça, mas tinha de tomar um cuidado extra para não passar essa impressão para ninguém.

Recebi vários tipos de punição por não cooperar nessas entrevistas. Designaram-me para os mutirões mais degradantes e até para os mutirões penais para impedir o meu apostolado. Mudaram-me várias vezes de grupo; cortaram minha ração. Mandaram-me para os piores alojamentos. Não tive qualquer privilégio, nem mesmo os que eu fizera por merecer pelo meu trabalho. E se algum oficial ou responsável pelo alojamento colocasse meu nome na lista dos que receberiam algum privilégio, alguém de patente mais alta intervinha para barrar o benefício. Enquanto isso, o assédio e as entrevistas continuavam.

Não havia dúvidas de que os sacerdotes eram um alvo privilegiado. Mas um sistema baseado no medo e na intimidação, como o dos campos de prisioneiros, não podia se limitar apenas a essa minoria religiosa. Os agentes morriam de medo e estavam sempre atentos para combater as pequenas revoltas e tumultos entre os prisioneiros. Esforçavam-se bastante para dissolver os grupos nacionais entre os prisioneiros, ou os grupos linguísticos, ou mesmo as pessoas da mesma cidade ou que tivessem outras coisas em comum – por exemplo os que haviam estudado nas mesmas universidades ou eram antigos membros do partido. Contudo, como os campos de prisioneiro do Ártico incluíam homens de todas as nacionalidades na União Soviética e muitos ali tinham um passado em comum – o exército, a universidade ou o partido –, era impossível para os agentes de segurança impedir que grupos de interesse comum se formassem, ou que as pessoas se reunissem depois das horas de trabalho. Sem dúvida esse era um dos motivos do período de trabalho ser prolongado até o limite da tolerância humana. Era o motivo por trás da criação dos mutirões mistos, em que os prisioneiros não tinham nenhum interesse em comum. Era o motivo das constantes mudanças nos mutirões. E, finalmente, era por isso que os órgãos de segurança não faziam segredo do uso de informantes. Eles tinham de conseguir, a qualquer custo, isolar potenciais encrenqueiros ou líderes. E era por causa desse potencial para a liderança entre os grupos nacionais ou religiosos que os sacerdotes eram vigiados de perto, e não só por motivos de propaganda ateia ou perseguição antirreligiosa.

11. O SACERDÓCIO

Ainda assim, era fantástico ver como essas medidas de segurança quase não afetavam as relações dos padres com os outros prisioneiros. Assim que um padre aparecia no campo, sozinho ou acompanhado de outro sacerdote, os outros prisioneiros logo se aproximavam dele. Assim que as pessoas ficavam sabendo, num novo mutirão, alojamento ou campo, que alguém era padre, logo o procuravam. O padre não precisava fazer amigos – os amigos vinham até ele. Era um aprendizado de humidade, pois nós percebíamos que aquilo era a graça de Deus em ação e tinha pouco a ver com os nossos esforços. As pessoas se aproximavam porque éramos padres, não por quem éramos enquanto indivíduos. E elas nem sempre vinham na esperança de conselhos sábios, iluminação espiritual ou respostas para as dificuldades; vinham na esperança de receber a absolvição dos seus pecados através da força do sacramento. Compreender isso foi fonte de júbilo e humildade. Nós padres percebíamos que eles se aproximavam de nós por sermos homens de Deus, representantes de Deus, homens escolhidos dentre os homens e ordenados para os homens nas coisas de Deus. Também compreendíamos que isso nos impunha uma obrigação de serviço, de ministério, em que não cabia pensar nos inconvenientes pessoais, por mais cansados fisicamente que estivéssemos, por mais riscos que corrêssemos por causa das ameaças oficiais. Da minha parte, não podia deixar de ver em cada encontro com cada prisioneiro a vontade de Deus para mim, naquele lugar e momento, e a mão da Providência, que me levara até ali por caminhos estranhos e tortuosos.

Não se tratava de anunciar Deus ou a religião o tempo todo. Às vezes bastava respeitar os companheiros de prisão, fazer o bem a todos, não importava o que tivessem dito, feito ou como tivessem agido conosco. Mesmo os cristãos que vinham especificamente pedir conselho precisavam mais de simpatia e apoio moral do que serem lembrados das suas obrigações e falhas. Não havia muita necessidade de pregar sobre o pecado ou a condenação ao fogo do inferno para homens que passavam diariamente pelo inferno da solidão, da separação e da ansiedade. O sacerdote precisava de muita tolerância e muita compreensão se quisesse ser uma ajuda eficaz entre aqueles seres humanos infelizes e quase degradados. Bom senso e intuição, um instinto para detectar a ação da graça de Deus por trás de uma pergunta, de uma conversa ou um encontro: tudo isso era muito mais necessário do que respostas tiradas dos manuais de teologia.

Antes da minha triste experiência em Lubianka, onde finalmente entendi que tudo nas questões espirituais depende de Deus e não de nós, sempre pensara que tinha respostas e explicações definitivas para todas as questões morais e todos os problemas de consciência. Na Sibéria, porém, depois de eu mesmo ter fracassado no teste e aprendido a verdade de Deus pelo modo difícil, pude servir com humildade os homens que Deus enviava para mim todos os dias. Só bem lentamente é que começamos a notar o trabalho do Espírito em nós. Quão mais lentamente não começamos a detectar a obra desse mesmo Espírito nos outros? Ao longo dos dias de trabalho nos campos, eu agradecia a Deus repetidas vezes pelo terrível período de purificação passado em Lubianka e que agora me permitia servir aqueles homens torturados. E também agradecia a Deus pela obra misteriosa da sua Providência, que me conduzira até ali. Mas agradecia principalmente por Ele ter me escolhido para ser sacerdote, pela alegria

11. O SACERDÓCIO

que Ele me proporcionava ao me permitir exercer o meu ministério outra vez.

Havia padres em todos os campos, o que era motivo de consolo também para mim. Aqueles que estavam lá havia mais tempo geralmente tinham feito os contatos necessários para obter tudo de que precisávamos para a Missa. Ficavam exultantes de contar com mais um padre no acampamento, e logo espalhavam a notícia entre os prisioneiros. Essa amizade era por si só motivo de alegria, mas também significava poder frequentar os sacramentos novamente, falar de coisas espirituais e compartilhar experiências. Discutíamos como resolver da melhor maneira os problemas que os prisioneiros nos traziam, problemas peculiares a um campo de prisioneiros que os cursos de teologia não contemplavam. Exortávamos e encorajávamos uns aos outros, compartilhávamos orações e homilias curtas. Não eram lá sermões muito refinados, mas eram quase sempre tocantes e provocativos por causa das circunstâncias em que eram proferidos.

Era uma experiência incrível estar junto daqueles homens, vê-los provar com palavras e atos a sua dedicação a Deus e ao rebanho que Ele lhes confiara todos os dias.

Não que fossem todos perfeitos. De fato, havia até informantes entre os padres. Descobríamos isso às vezes, quando algum prisioneiro de confiança que trabalhava nos escritórios nos contava de encontros que havia testemunhado. Às vezes esses padres nos contavam em privado como tinham sofrido pressão para cooperar, e imploravam o nosso perdão. Por estranho que pareça, nunca afastávamos esses informantes, reais ou apenas suspeitos, da nossa companhia. Participavam das nossas Missas. Ouvíamos suas confissões e eles ouviam as nossas, tamanha era a nossa confiança no sigilo da Confissão. E não conseguíamos afastar ninguém da graça que é obtida nos sacramentos ou na palavra de Deus. Todos tínhamos nossas falhas. Todos sabíamos muito bem o quanto dependíamos de Deus e da sua graça. Todos os campos também tinham alguns pastores batistas, mas eles raramente vinham ter conosco. Na verdade, a maior parte deles era ferozmente anticatólica, às vezes francamente hostil e antagônica. Eles e os seus seguidores formavam grupos bastante próximos e fechados. Tinham as suas reuniões de oração regulares, recitavam a Bíblia de memória e exortavam uns aos outros a permanecer fiéis a Cristo e se opor ao Anticristo – na forma do comunismo ou do catolicismo. Talvez por serem tão resolutos e expressivos, ou talvez por serem um grupo tão fechado e unido, os oficiais do campo eram particularmente severos com os batistas e faziam o que podiam para dispersá-los. Eu ficava triste e muitas vezes perplexo com a atitude deles para com os fiéis de outras religiões, sobretudo naquelas circunstâncias, mas era impossível não admirar a sua dedicação e o testemunho cristão que davam das suas crenças. Havia quem pensasse que as relações deles com outros cristãos não eram exatamente cristãs ou mesmo caridosas. Mas, se acreditavam com sinceridade que a Igreja era o próprio Anticristo, era possível compreender o medo que tinham de nós e as suas reações. Certamente, em todos os outros aspectos, os batistas eram admiráveis. E nunca tinham medo de defender a sua fé, de sofrer por ela, de dar testemunho dela na sua vida cotidiana.

O mesmo podia ser dito dos poucos sacerdotes e monges ortodoxos que encontrei nos campos de prisioneiros. Não eram muito ativos, de modo geral, mas pareciam autênticos santos. Mantinham-se afastados das controvérsias e das atividades religiosas públicas; em vez disso, levavam uma vida simples de oração e trabalho. Nos alojamentos, resguardavam-se e raramente conversavam com os outros prisioneiros. Alguns outros prisioneiros, também ortodoxos, os visitavam às vezes e passavam algum tempo conversando em particular com eles, mas de modo geral esses monges e sacerdotes pareciam querer evitar fazer qualquer coisa que pudesse criar problemas com as autoridades. Ainda assim, os outros prisioneiros mostravam respeito por eles, os deixavam em paz e às vezes demonstravam curiosidade sobre aquela vida de oração.

De fato, a palavra-chave do apostolado nos campos era *testemunho*. Tratava-se menos de pregar e falar de religião e mais de viver a fé professada. Muitos ali não conseguiam compreender de imediato uma vida dedicada a Deus em trabalho, sofrimento e sacrifício. Mas começavam pelo respeito, e do respeito nascia a admiração e depois a curiosidade. Não era o que você dizia, mas o que fazia, como vivia, que os influenciava. Eles conheciam os meandros da vida no campo de prisioneiros e no sistema prisional. Sabiam que os sacerdotes eram alvos constantes dos oficiais. E, no entanto, viam os sacerdotes recusarem a amargura, esforçarem-se para ajudar os outros, doarem-se além do exigido sem reclamar, sem pensar em si mesmos antes de tudo e sem preocupar-se com o próprio conforto ou segurança. Viam os sacerdotes colocarem-se à disposição dos doentes e dos pecadores, mesmo dos que os tinham desprezado ou maltratado. Se um padre demonstrava preocupação por alguém assim – pensavam –, é porque acredita em algo que o torna humano e o aproxima de Deus ao mesmo tempo. Era essa a qualidade que mais os atraía nos sacerdotes. E era essa qualidade que os levava a buscar uma nova relação com Deus, reconciliando-se com as leis dEle e com a própria consciência. Ajudar os prisioneiros a recuperar a fé em Deus, que há muito tinham abandonado ou simplesmente ignorado, era nossa maior alegria e consolo.

Os católicos da Polônia, Ucrânia, Lituânia e Letônia eram os principais beneficiados com o nosso apostolado e o núcleo de qualquer «paróquia» dos campos. Agarravam-se firme à fé e ficavam exultantes pela presença do sacerdote, por poderem receber os sacramentos novamente. Tradicionalmente tratavam os padres com grande respeito, e faziam o que podiam para cuidar de nós, nos proteger e tornar nosso apostolado nos campos possível e eficaz. Dividiam conosco a pouca comida extra de que dispunham. Ficavam de vigia enquanto celebrávamos a Missa para nos avisar da aproximação de guardas ou da presença de informantes. E traziam outros prisioneiros até nós. Nem todos eram os cristãos mais exemplares, claro, mas eles tinham fé. Nem sempre podiam explicar as verdades da religião de modo a satisfazer a curiosidade dos que tinham crescido no sistema soviético, em que Deus era ridicularizado ou descartado nas escolas, mas a própria fé deles era um testemunho da nova dimensão que a fé dava à vida, de que o homem podia acreditar em algo além do mundo material e de que essa crença dava significado e propósito a circunstâncias que, de outra forma, seriam apenas motivo de desespero. Era por meio dessa crença, embora expressada de forma imperfeita, que os outros vinham até nós para saber mais desse Deus que poderia dar significado a suas vidas.

Não havia conversões dramáticas, milagres nem encon-

11. O SACERDÓCIO

tros de oração sensacionais que manifestassem a ação do Espírito Santo; não havia pompa ou esplendor nos atos religiosos, nada que atraísse a mente curiosa do trabalhador comum, nenhum tipo de pretensão religiosa, pois todas as nossas reuniões para receber a Eucaristia ou quaisquer outras práticas espirituais realizavam-se em segredo por medo da repressão. O pouco que fazíamos, o modo simples como fazíamos tudo para Deus – uma Missa clandestina, um batismo, um ofício dos defuntos, um sermão pregado na inspiração do momento, uma visita a um doente, uma confissão ouvida, uma palavra sussurrada de conselho ou oração enquanto caminhávamos no campo ou marchávamos pela neve indo para o trabalho, sempre num profundo espírito de fé –, tudo constituía a missão do sacerdote e dos fiéis nos campos de trabalho forçado. Por outro lado, o padre nunca perdia de vista a própria insignificância. Como trabalhadores naquela vinha, pressentíamos a aparente impossibilidade de algum dia influenciarmos de forma significativa a grande massa de pessoas que viviam num estado declaradamente ateu. E por outro lado ainda, sentíamos diariamente o poder da graça de Deus, e confiávamos completamente na sua Providência. Assim, a nossa missão era fazer dia após dia tudo o que o Senhor nos pedisse, da maneira mais perfeita que pudéssemos, e deixar o resto com Ele.

O sacerdócio também dava significado e finalidade novos ao sofrimento cruel e aos trabalhos árduos que os homens tinham de suportar para sobreviver nos campos de trabalho da Sibéria. No seu papel de outro Cristo, de mediador entre Deus e os homens, o sacerdote podia oferecer o sofrimento e o trabalho por seus semelhantes. Podia aceitar os trabalhos e sofrimentos todos os dias da mão de Deus e oferecê-los de volta a Deus, não apenas por si, mas por todos ao redor, aqueles que lutavam para manter a fé ou que não tinham ainda recebido esse dom. Isso não tornava mais fácil levantar cedo para enfrentar mais um dia de trabalho duro sob os açoites do vento, nem tornava o trabalho menos extenuante, mas acrescentava uma dimensão de expiação e sacrifício às nossas vidas que a fazia ir além da mera necessidade de sobreviver e suportar mais um dia. Dava outro sentido de finalidade e de dedicação ao sacerdócio; acrescentava um elemento sacramental ao trabalho e aos sofrimentos de cada dia. E tornava cada momento e cada esforço um trabalho sacerdotal. Pois o sacerdote é ordenado para fazer mais do que celebrar a Missa ou ouvir confissões, para consolar os doentes e confortar os moribundos, para oferecer palavras de consolo e sabedoria espiritual aos necessitados. *Todo sacerdote é escolhido entre os homens e constituído a favor dos homens como mediador nas coisas que dizem respeito a Deus* (Hebr 5, 1), lê-se na cerimônia de ordenação. E as coisas que são de Deus são todas as alegrias e obras e sofrimentos de cada dia, não importa se são um fardo entediante, rotineiro e insignificante. É função do sacerdote oferecer tudo aquilo a Deus, em nome dos seus semelhantes, e servir de exemplo, testemunha e mártir – testemunhar diante de todos à sua volta a Providência e a vontade de Deus. Depois de todos os anos de isolamento e solidão em Lubianka, foi uma alegria poder fazer tudo aquilo novamente em meio à dor e ao sofrimento físicos, a mágoa e o desespero, dos campos de prisioneiros da Sibéria.

12. O apostolado

O meu objetivo ao entrar na Rússia foi sempre o mesmo do começo ao fim: ajudar as pessoas a encontrar Deus e alcançar a vida eterna. A maneira pela qual o trabalho de salvação das almas se desenvolveria, a forma que assumiria, tudo isso era vago de início. Mas essa vaguidão não me preocupava; por trás das visões incertas do futuro eu tinha a certeza da fé e completa confiança na ação da Providência divina. Sempre acreditei, nos vinte e três anos que passei na União Soviética, que Deus me queria ali; e tudo que fiz – grande ou pequeno – de alguma forma confirmou essa crença e a minha confiança na vontade dEle. A noção de que eu fazia a vontade de Deus, de que tentava cumprir tudo o que Ele exigia de mim todos os dias, me dava essa confiança. Nenhum mal podia me tocar, afinal, enquanto Deus estivesse comigo. Isso soa simples agora que escrevo, assim como parecia simples na época. Mas mesmo em sua simplicidade terrível, não deixa de ser verdade, assim como todas as grandes verdades parecem soar infantis ou ingenuamente simples quando tentamos expressá-las em fórmulas padronizadas. Por exemplo, a fé na realidade de Deus e na sua providência é o que está por trás da declaração do catecismo que diz: «O homem foi criado para louvar, reverenciar e servir Deus, e assim salvar a sua alma». E, no entanto, essa é a grande verdade por trás de toda experiência humana.

Também no início eu tinha apenas uma vaga noção da dor e do sofrimento que encontraria nos meus dias de União Soviética. Se alguém me perguntasse se eu estava disposto a sofrer e morrer pela fé, acho que teria respondido que sim. Essas são coisas fáceis de dizer quando a ameaça é vaga e a fé é forte. Para ser sincero, nunca pensei muito nas dificuldades que encontraria na Rússia. Achava fácil dizer *Pai, nas tuas mãos entrego o meu espírito* (Lc 23 46), e confiar que Deus me protegeria enquanto eu me esforçasse ao máximo para seguir sua vontade. E nunca parei para refletir nas palavras de Cristo, proferidas em sua agonia final na cruz, como conclusão de sua paixão e seu trabalho na Terra.

A dor e o sofrimento são coisas nas quais preferimos não pensar, que evitamos sempre que possível. Lembro de já na juventude odiar sermões e palestras em retiros que falassem sobre a Paixão do Senhor. Quando os pregadores ou diretores do retiro descreviam as agonias que Cristo sofreu, eu estremecia. Tudo parecia tão vívido e inútil; não parecia fazer sentido. A ideia da dor me repelia, fosse na Paixão ou na vida ao redor. A vida era algo precioso demais para ser distorcida pela dor. Assim, eu queria ouvir alguma coisa sobre a Paixão que não se referisse à dor. E busquei outro significado para o sofrimento de Cristo. Creio que comecei a encontrar o que buscava nas madeireiras dos Montes Urais, com a dor e o sofrimento, físico e espiritual, que encontrei lá. Porque foi lá que comecei a

12. O APOSTOLADO

compreender a dor e o sofrimento no contexto mais amplo do apostolado.

Fui à Rússia porque quis? Não, fui por estar convicto de que Deus me queria lá. E a minha ida, a minha docilidade à vontade de Deus, implicou sacrifício. Implicou deixar para trás o meu país natal, os jesuítas que conhecia e com quem trabalhava, a minha família, os meus amigos, tudo o que conhecera e fizera nos meus primeiros trinta anos de vida. É o mesmo sacrifício exigido de muitas pessoas: missionários, militares, casais, jovens que saem de casa pela primeira vez. Esse sacrifício é o primeiro teste de qualquer vocação, qualquer chamado para seguirmos a vontade de Deus. *No rolo do livro está escrito de mim: fazer vossa vontade, meu Deus, é o que me agrada* (Sal 39, 8), disseram os profetas a respeito de Cristo. É a nota principal da sua vida e da sua vocação, e também de toda vocação cristã. E é apenas à luz daquela fidelidade à vontade do Pai por meio de sacrifício, dor e sofrimento que devemos ouvir as palavras de Cristo na cruz: «Pai, nas tuas mãos entrego o meu espírito».

Mas por que a Paixão é necessária? Por que a dor e o sofrimento? Será Deus tão vingativo que precise causar dor e sofrimento nos que O seguem? A resposta não está na vontade de Deus, mas no mundo em que vivemos e onde tentamos seguir a sua vontade. A vida e o sofrimento de Cristo foram redentores; o seu «apostolado» no plano da salvação foi restaurar em toda a Criação a ordem e a harmonia originais, ambas destruídas pelo pecado. A perfeita obediência de Cristo à vontade do Pai redimiu a primeira e constante desobediência humana. Diz São Paulo: *Toda a criação geme e sofre como que dores de parto até o presente dia* (Rom 8, 22), à espera dos esforços redentores de Cristo para restaurar a relação entre Deus e a Criação. Mas o ato redentor de Cristo não restaurou todas as coisas por si só; apenas tornou possível o trabalho de redenção. Deu início à nossa redenção. Assim como todos os homens participam da desobediência de Adão, da mesma forma todos os homens devem participar da obediência de Cristo à vontade do Pai. A redenção só estará completa quando todas as pessoas participarem da obediência dEle. Assim, o mundo não foi transformado do dia para a noite, e é o mundo em que procuramos seguir Cristo que nos aflige, como O afligiu. Não é o Pai, não é Deus quem nos inflige o sofrimento, mas o mundo não redimido em que devemos trabalhar para fazer sua vontade, o mundo em cuja redenção devemos tomar parte.

Foi nas madeireiras dos Montes Urais que os refugiados poloneses e judeus com quem trabalhei me repreenderam pelo modo como vivia, pela forma consciente com que eu encarava o trabalho. Perguntavam: «Pelo que você está trabalhando? O que está querendo provar?» Eu sabia que eles não conseguiam compreender por que eu trabalhava tanto, por que eu devia sofrer com a fome e as dificuldades, trabalhar o dia inteiro num rio semicongelado, numa floresta coberta de neve, ficar horas a fio na fila para pegar mais um pedaço de pão, suportar as noites insones, aguentar alojamentos inadequados e roupas em farrapos. Para eles, não significava nada a minha conversa de apostolado, não significava nada dizer que fazia aquilo apenas para estar com eles, para ficar disponível para eles segundo a vontade de Deus. Mas essa era a verdade. Do ponto de vista puramente humano, a minha estada na União Soviética podia ser considerada a ação mais burra e sem sentido da minha vida. Mas eu enxergava aquelas dificuldades, aquela realidade enfadonha, como parte integral do meu apostolado. Não conseguia separar a realidade terrena da vontade de Deus, porque a vontade de Deus tem de ser discernida por cada um de nós aqui na terra.

A dor espiritual e o sofrimento, mais ainda que a dor e o sofrimento físicos, aumentaram durante meus cinco anos de interrogatório. Houve momentos em que quase perdi o meu propósito de vista por causa da agonia da dúvida, por causa da angústia que sentia perante a tentação de crer que havia sido abandonado por Deus. Mais tarde, nos campos de trabalho, foi-me mais fácil voltar a considerar todas as dores, sofrimentos, fracassos e desânimos no contexto do apostolado. Então pude refletir sobre como os meus esforços para salvar almas importavam pouco se fossem alheios à vontade de Deus. A ideia de que ações por si só sem valor pudessem ser redentoras, pudessem servir à expansão do reino de Deus na terra se praticadas em obediência à vontade dEle, a ideia de que essas ações pudessem mesmo ser fonte de graça para outros, participar da obra de Cristo que disponibiliza a todos os méritos da graça: foi essa ideia que me sustentou na alegria e me impeliu a trabalhar ainda mais duro para conquistar uma comunhão mais perfeita com Deus e a sua vontade.

A verdade simples de que o único propósito da vida do homem na terra é fazer a vontade de Deus contém riqueza e alimento bastantes para uma vida inteira. Quando aprendemos a colocar essa ideia em primeiro lugar, a ver cada dia e as atividades de cada dia sob a sua luz, essa verdade se torna mais do que a fonte de salvação eterna; torna-se também fonte de alegria e felicidade aqui na terra. É esmagador saber que a vontade humana, se unida à divina, é capaz de participar do trabalho de Cristo de redimir a humanidade inteira. A maravilha da graça de Deus que transforma ações humanas inúteis em meios eficazes para expandir o reino de Deus aqui na terra deixa a mente atônita e humilhada ao extremo, mas também traz paz e alegria desconhecidas para quem nunca as experimentou, inexplicáveis para quem não crê.

A fonte da verdadeira alegria interior está nessa compreensão sutil da alma tocada pelo poder divino de Deus. E enquanto essa visão persistir, enquanto a alma não perder de vista essa grande verdade, a alegria e a paz que dela advêm persistem mesmo durante os momentos mais graves de sofrimento e provação. A dor e o sofrimento não deixam de existir; a agonia e a angústia do corpo e da alma não desaparecem da consciência humana. Tornam-se, porém, um meio de alimentar essa alegria, de fomentar a paz e a obediência à vontade de Deus, pois essas tristezas passam a ser vistas como continuação da Paixão de Cristo – não nos atos perversos e sem sentido de violência sangrenta que me faziam estremecer na juventude, mas como atos curativos, redentores e repletos de propósito, pelos quais o mundo se reconcilia com a vontade do Pai. Esse sofrimento só pode trazer consigo profunda alegria espiritual, pois dele brotam a redenção e a salvação, a vitória final sobre o pecado e mais sofrimentos, e até sobre a própria morte. São Paulo nos diz que o pecado entrou no mundo por meio da primeira desobediência do homem, e a morte entrou por meio do pecado. E apenas pela obediência do homem, pela conformidade à vontade de Deus, o pecado será eliminado, e com ele o sofrimento e a morte.

12. O APOSTOLADO 167

Por mais consoladora que a conformidade à vontade de Deus seja para a alma, por mais paz e alegria que produza, não basta simplesmente pedi-la para obtê-la. Nem podemos, na minha opinião, compreender de verdade a dor e o sofrimento sem uma visão mais ampla da salvação ou sem a perspectiva mais ampla do apostolado e da vocação. No meu caso, aprendi isso apenas na prática constante da oração, tentando viver sempre na presença de Deus, tentando ver todas as coisas como manifestação da sua vontade divina. Nem sempre foi fácil. Nem sempre obtive sucesso. Durante as provações nos Montes Urais, a agonia em Lubianka, os sofrimentos e as adversidades dos campos de prisioneiros, a luta nunca cessou na minha alma. Por mais próxima de Deus que a alma se sentisse, por mais abençoada que fosse por estar consciente da presença dEle, as realidades da vida, sempre diante dos meus olhos, exigiam reconhecimento e aceitação. Tive de aprender a aceitar a vontade de Deus continuamente – não como queria que fosse, nem como poderia ter sido, mas como realmente era no momento. E foi por meio da luta para conseguir isso que o crescimento espiritual e uma maior apreciação da vontade de Deus aconteceu.

É claro que havia dúvidas; em certa ocasião, fiquei à beira do desespero. Não foi a razão que me susteve, mas a fé. Apenas pela fé eu podia encontrar Deus presente em todas as circunstâncias; apenas pela fé eu podia penetrar no mistério da sua graça salvadora, não questionando, mas cooperando totalmente com ela exatamente como Ele me pedia. Então, aos poucos e com graus variados de sucesso, os vislumbres da Providência que governava todas as coisas iam dissipando as dúvidas e os medos nos recônditos da minha mente. Assim, aprendi por tentativa e erro que, se quisesse preservar a paz e a alegria interiores, precisaria recorrer constantemente à oração, ao olhar da fé, a uma humildade que me tornasse consciente da insignificância dos meus próprios esforços e da minha dependência da graça de Deus até para a própria oração e a fé.

Nada disso foi fácil, pois eu não era um espírito desencarnado. A fome distraía-me, os interrogadores confundiam-me, as dores em cada junta do corpo desgastado após um longo dia de trabalho brutal no Ártico deixavam-me totalmente exausto e bastante desanimado. É muito mais fácil ver o papel redentor do sofrimento e da dor no plano divino quando não se sente dor nem se sofre de verdade. Contudo, o crescimento espiritual ocorreu apenas quando deparei com essas realidades. Cada vitória sobre o desânimo aumentava a minha coragem espiritual; cada tentativa bem-sucedida, embora fugaz, de encontrar a mão de Deus por trás de todas as coisas, tornou mais fácil recuperar o propósito num novo dia de trabalho, dificuldades e sofrimentos aparentemente sem sentido.

Dia após dia, aprendi a experimentar em alguma medida o poder de Deus como manifestado no mistério da Paixão. Dor e sofrimento constituíam o sacrifício necessário à Paixão de Cristo para a salvação das almas. Um sacrifício parecido devia ser feito por aqueles chamados ao apostolado. E, no entanto, o sacrifício e o sofrimento eram tocados por uma profunda alegria espiritual, porque neles podíamos ver a vontade de Deus realizada numa vida que de outra maneira seria frustrante, podíamos ver a grande obra da salvação fomentada. Se você olhar para o sacrifício e o sofrimento apenas com os olhos da razão, a tendência será evitar ambos ao máximo, pois a dor em si mesma nunca é prazerosa. Mas se você puder aprender a ver o papel da dor e do sofrimento no contexto do plano redentor de Deus para o universo e para cada alma, sua atitude mudará. Você não rejeitará o sofrimento quando ele vier, mas o suportará na medida da graça que lhe é concedida. Verá no sofrimento a oportunidade de revestir-se de Cristo no sentido mais verdadeiro. Dessa percepção vem a alegria, e também um aumento da esperança; como também uma maior compaixão pelos outros e a esperança de que também eles possam ser ajudados a compreender o verdadeiro significado da vida e das suas provações, das suas alegrias e dos seus sofrimentos. Inspirada por esse entusiasmo, a alma desejava constantemente comunicar as maravilhas da graça de Deus para todos. Esse desejo, esse zelo, não conhecia limites nem dispunha limites para sua atividade. Embora a obtenção desse objetivo fosse na verdade algo que ultrapassava o mero esforço humano, a alma inspirada por essa compreensão dava pouca atenção a resultados concretos. O mais importante era manter a chama do zelo acesa. Daí a necessidade constante da oração diária, os esforços constantes de ver na dor e no sofrimento de todos os dias uma verdadeira obra de redenção, uma união real com os atos salvíficos de Cristo.

Os obstáculos encontrados a cada dia, as dificuldades de pôr tal zelo em prática, não perturbavam uma alma inspirada por essa compreensão. Pois a conversão verdadeira das pessoas requer muita oração, muita confiança perseverante em Deus, muitas provações e muitos sacrifícios. A alma dedicada compreendia instintivamente, na sua comunhão constante com Deus, que o que mais importava aos olhos do Pai era a rendição total à sua vontade no apostolado. Era o que Ele inspirava ou ordenava, fosse o que fosse, que se tornava primordial, e não o esforço humano, a sabedoria ou o trabalho que nasciam da iniciativa pessoal.

Refletir sobre essas ideias quase sempre, em meio aos trabalhos extenuantes dos dias sem fim nos campos da Sibéria, tornou-me consciente da minha obrigação para com Deus, da minha obrigação de cumprir o melhor que podia as sessões diárias de oração, trabalho e sofrimento, dando um exemplo, da forma mais consciente possível, aos meus companheiros de prisão, ajudando-os a ver nas palavras e ações que mesmo aqueles dias passados na existência miserável num ermo congelado podiam servir para fazer o reino de Deus na terra. Nenhuma vida humana, nenhum sofrimento passa despercebido por Deus. Pois cada um de nós foi criado para louvar, reverenciar e servir Deus, obtendo assim a salvação da própria alma e ajudando a salvar outras. Nenhuma ação, por insignificante que seja, se for aceita e realizada como se viesse da mão de Deus e em conformidade com a vontade dEle, deixa de ser redentora e de participar na grande obra da salvação iniciada pela Paixão de Cristo.

Refletir nessas verdades dava consolo, mas havia mais: abria para mim uma nova visão da Sibéria e da dor e do sofrimento que ocorriam ao meu redor. Parecia que eu podia ver, erguendo-se das vidas devastadas e debilitadas ao redor, toda uma nova Igreja futura – se houvesse trabalhadores suficientes para a vinha. Uma Igreja de homens e mulheres de sacrifício e dedicação plenos formava-se ali. Uma Igreja formada a partir de uma geração de perseguição e frustração, provada como ouro na fornalha. Uma Igreja de novos líderes, sobreviventes desses campos e habitantes de um país militantemente ateu, mas cientes de como tudo dependia totalmente apenas de Deus, talvez impossibilitados de adorar em público, mas ainda assim unidos a todo o Corpo Místico de Cristo, que é a Igreja. O «remanescente» (cf. Is 10, 20), talvez, como Isaías disse. Um povo que aceitasse a perseguição com alegria poderia ver nas tribulações e nos sofrimentos o verdadeiro trabalho cristão de redimir o mundo ao redor, de ser o fermento na massa. *Quem determinou o Espírito do Senhor, e que conselheiro lhe deu lições? [...] Vosso modo de agir não é o meu, diz o Senhor, mas tanto quanto o céu domina a terra, tanto é superior à vossa a minha conduta* (Is 40, 13; 55,8). Talvez, na providência de Deus, algo novo e precioso no Corpo Místico possa advir de todo esse sofrimento: cristãos zelosos, com um novo ideal de dedicação para oferecer à Igreja que existe no mundo como instituição humana. Na providência de Deus, essa Igreja sob perseguição – esses cristãos sofredores – constantemente enriquecia a Igreja na terra e o Corpo Místico de Cristo.

13. O significado da Missa

Às vezes penso que os que nunca foram privados da oportunidade de celebrar ou assistir a uma Missa não têm como apreciar realmente o seu significado. Quanto a mim, sei muito bem o que significou para mim e para os outros padres que conheci na União Soviética; sei os sacrifícios que fizemos e os riscos que corremos só para ter a chance de celebrar ou assistir à Missa. Quando nos víamos constantemente famintos nos campos, quando a comida que obtínhamos a cada dia mal dava para nos manter, vi padres dispensarem o café da manhã e gastarem-se no trabalho duro de estômago vazio até o meio-dia para cumprir o jejum eucarístico[1], pois a pausa do meio-dia era a melhor oportunidade de nos reunirmos para celebrar a Missa escondidos. Fiz isso várias vezes. E às vezes, quando os guardas nos vigiavam muito de perto e não podíamos

---

(1) Na época, o jejum eucarístico consistia em abster-se de alimentos e líquidos desde a meia-noite até o momento da Comunhão. A partir de 1953, a norma foi sendo paulatinamente alterada a fim de que os fiéis pudessem comungar com mais frequência. Atualmente, o jejum eucarístico é de pelo menos uma hora. (N. do E.)

arriscar celebrar a Missa no local de trabalho, as crostas de pão que eu guardara no bolso na hora do café da manhã permaneciam lá até que eu pudesse retornar ao campo e celebrar a Missa à noite. Além disso, durante o longo verão ártico, quando os dias de trabalho se alongavam e as nossas horas de sono encurtavam, vi padres e prisioneiros privarem os corpos do sono necessário para levantarem-se antes de o sino tocar para celebrar uma Missa secreta num alojamento silencioso, enquanto todos os outros se agarravam aos preciosos momentos de sono extra. Em alguns aspectos, levávamos uma existência de cristãos das catacumbas com as nossas Missas. Seríamos severamente punidos se nos descobrissem rezando a Missa, e sempre havia informantes. Mas a Missa para nós sempre valeu o risco e o sacrifício; nós a amávamos, ansiávamos por ela, faríamos quase qualquer coisa para celebrar ou assistir a uma Missa.

Nos meus tempos de colégio russo em Roma, quando ainda sonhava com uma chance de chegar à União Soviética, perguntei-me diversas vezes o que faria se não pudesse celebrar a Missa. Às vezes, na época de estudantes, falávamos sobre isso. Roma, com as suas catacumbas, provavelmente servira de inspiração para aquelas conversas. Mas as nossas especulações eram um tanto românticas. Assistíamos à Missa todos os dias no colégio romano, como tínhamos feito todos os dias no seminário e em nossas casas jesuítas; preparamo-nos para a ordenação, para podermos celebrar a Missa nos ritos oriental e latino. A Missa tinha um significado especial para nós como futuros sacerdotes, mas creio que ainda a considerávamos algo certo e garantido. Não que a Missa para nós fosse apenas mais uma cerimônia religiosa; pelo menos para mim, a Missa sem-

13. O SIGNIFICADO DA MISSA

pre teve um significado especial como ocasião diária de intimidade com Nosso Senhor. Mas era tão fácil assistir à Missa todos os dias. Ela estava sempre lá, era parte da rotina diária, e a ideia de que um dia seria difícil e raro poder celebrar a Missa não passava de uma divagação. Era algo que discutíamos, que líamos na história da perseguição à Igreja, mas não era algo que havíamos sofrido ou experimentado. Lembro-me da emoção da minha primeira Missa depois de ordenado, o privilégio de realizar com minhas próprias mãos a renovação do Calvário, minha alegria ao pensar que havia sido escolhido entre os homens para as coisas que dizem respeito a Deus, e que podia finalmente cumprir o mandato que Cristo deu aos seus discípulos na Última Ceia: «Fazei isto em memória de mim». Desde o dia da minha ordenação, durante os anos tranquilos em Albertyn e do tumulto e revoltas que se seguiram à invasão da Polônia pelos soviéticos, não comecei um dia sequer sem o santo sacrifício da Missa.

Foi só quando o Pe. Victor e eu começamos a longa jornada de trem até as madeireiras de Lvov nos Montes Urais que nossos devaneios inconsequentes sobre não poder celebrar a Missa se tornaram realidade. Foi só então que experimentei a forte privação de não poder começar o dia celebrando a Eucaristia. Carregávamos pão, vinho e um pequeno estojo com cálice e missal, para que pudéssemos celebrar a Missa. Mas ninguém no vagão cheio de trabalhadores sabia que éramos padres, e naquele local lotado era muito difícil celebrar a Missa. Fazíamos o melhor que podíamos. Aproveitávamos cada oportunidade para celebrar a Eucaristia juntos, particularmente as paradas ao longo do caminho, quando saíamos do vagão para esticar as pernas e procurar mais comida. Quando chegamos nas madeireiras, vimos que a vida nos alojamentos rústicos e primitivos dos campos tornava igualmente difícil a celebração da Missa. Tínhamos medo de expor-nos; não sabíamos como seríamos recebidos, por sermos sacerdotes, e no início, só celebramos a Missa quando nos víamos a sós. Se esperássemos a chance de ir a um canto discreto do alojamento durante a noite, teríamos de ficar de jejum o dia inteiro e ainda cumprir a quota de trabalho do dia com os mutirões de madeireiros. Mas os alojamentos ficavam muito tumultuados pela manhã com todos se preparando para trabalhar; era difícil encontrar tempo para nos concentrar e celebrar a Missa adequadamente. Assim, não conseguíamos celebrar a Missa todos os dias, mas mantínhamos uma reserva de hóstias consagradas para que pelo menos pudéssemos comungar todos os dias.

O perigo e a dificuldade de celebrar a Missa tornaram-se uma realidade para nós nas madeireiras dos Urais. Foi então que passamos a fazer algo que devíamos ter começado a fazer bem antes: começamos a nos preparar para celebrar a Missa de memória. Tínhamos medo de perder nosso estojo de Missa, o cálice ou o missal. Mas estávamos determinados, enquanto tivéssemos pão e vinho, a celebrar a Missa como pudéssemos. Uma e outra vez, durante a noite, enquanto os outros conversavam ou jogavam cartas, nós repetíamos um para o outro as orações da Missa até que as memorizamos. Quão frequentemente, nos anos que se seguiram, agradeci a Deus por esse interlúdio nos campos madeireiros dos Urais, pelo tempo para praticar e a graça que me foi concedida de me preparar para os anos que se seguiriam.

13. O SIGNIFICADO DA MISSA

Depois de alguns meses, quando o Pe. Victor e eu tínhamos nos ajustado ao modo de vida nos alojamentos, pudemos encontrar cada vez mais ocasiões de celebrar a Missa. Por exemplo, saíamos caminhando juntos até a floresta, e ali oferecíamos a Missa sobre um toco de árvore. Notei que as florestas lembravam uma catedral – as altas fileiras de árvores apontando para o céu, pairando acima de nossas cabeças, o silêncio austero, a beleza natural à nossa volta, a brancura quieta da neve no inverno. Até o tempo parecia parar enquanto oferecíamos o eterno sacrifício do Calvário pelas muitas intenções que enchiam nossos pensamentos e corações, uma das quais dizia respeito aos milhares de filhos famintos espiritualmente da Igreja silenciosa, ali naquela terra outrora cristã, por quem tínhamos vindo trabalhar em segredo. Jamais esquecerei, enquanto for padre, aquelas Missas nas florestas dos Urais.

Em outras ocasiões o Pe. Victor e eu celebrávamos a Missa sentados na beirada da cama, um do lado do outro. Fingíamos estar lendo ou conversando baixinho enquanto dizíamos as orações da Missa. Não podíamos usar o cálice nos alojamentos, assim usávamos um copo comum, e nossa hóstia era um pedaço de pão fermentado. Se alguém parasse para conversar, tentávamos encerrar a conversa da forma mais gentil e rápida possível, recuperávamos a concentração necessária e continuávamos com nossa Eucaristia secreta. Eu trabalhava ao ar livre com os mutirões de madeireiros, mas o Pe. Victor trabalhava como contador nos escritórios da empresa, e sempre mantinha o Santo Sacramento envolto num sanguíneo dentro da carteira, no bolso do casaco. Assim, podíamos pelo menos receber a comunhão todos os dias se não fosse possível celebrar a Missa. Mais tarde, quando fizemos amizade com a faxineira que tomava conta dos alojamentos, às vezes deixávamos o Santo Sacramento cuidadosamente escondido dentro de uma pilha de roupas no pequeno escritório onde ela trabalhava. Ela era católica, como viemos a saber, e nos ajudou de muitas maneiras. Uma das suas grandes alegrias era ter o Santo Sacramento no seu quartinho, e saber que o Senhor que ela adorava agora estava protegido sob seu teto.

Sei que é impossível explicar tudo isso a quem não acredita. Mesmo para muitos cristãos, infelizmente a noção do Santo Sacramento como Pão da Vida é apenas uma frase poética ou simbólica usada por Jesus nos Evangelhos. Mas que grande fonte de sustento Ele não foi para nós na época, quanto não significava para nós termos o Corpo e o Sangue de Cristo como alimento da nossa vida espiritual naquele Sacramento de Amor e Alegria! A experiência era muito real, dava para sentir seus efeitos na mente e no coração, na vida diária. Para nós era uma necessidade que fomentava a vida da alma assim como o pão diário era necessário para sustentar o corpo. Havia nos Urais tantos exilados privados do Sacramento que pareciam indiferentes. Não tenho dúvida de que Deus, à sua maneira, cuidava dessas pessoas espiritualmente famintas, assim como tomava conta de nós de forma especial. Quem de nós pode entender totalmente os caminhos de Deus? Para nós, aquele Pão da Vida, a Eucaristia, era fonte de verdadeira comunhão com Deus e com aqueles que ansiávamos conduzir até Ele.

Os cinco longos anos em Lubianka incutiram essa verdade em mim mais profundamente do que nunca. Fui privado daquele alimento espiritual e da realidade daquela comunhão. Voltei-me para Deus na oração, fiz frequentes

13. O SIGNIFICADO DA MISSA 179

atos de comunhão espiritual ao longo do dia, mas tinha fome literal do ato de recebê-lO em mim uma vez mais. Todos os dias eu recitava de memória as orações da Missa, e às vezes acho que as orações serviam apenas para enfatizar meu senso de privação da Eucaristia. Naqueles dias de tormento e tensão, de trevas e humilhação, eu sabia que precisava desesperadamente da força que o Pão da Vida podia dar – mas eu não podia tê-lO. Rezei para Deus, falei com Ele e pedi ajuda e força; sabia que Ele estava comigo. Tinha tudo isso, mas não podia segurá-lO nas mãos, não podia ter sua presença sacramental. E a diferença para mim era bem real. Era uma fome da alma, tão real para mim como a fome do corpo que experimentei constantemente naqueles anos. Perguntei-me com frequência, nos anos desde então, se eu teria fracassado de forma tão retumbante, se teria chegado tão perto do desespero, se tivesse o Pão da Vida disponível.

Quando cheguei aos campos de prisioneiros da Sibéria, soube, para minha grande alegria, que seria possível celebrar a Missa diariamente mais uma vez. Em cada acampamento, os padres e prisioneiros faziam grandes esforços, se arriscavam voluntariamente, só para ter o consolo do Sacramento. Para os que não podiam participar da Missa, consagrávamos hóstias diariamente e cuidávamos para que fossem distribuídas para quem quisesse comungar. O risco de sermos descobertos era maior nos alojamentos, é claro, por causa da falta de privacidade e da presença de informantes. Assim, o mais comum era celebrarmos a Missa diária em algum ponto do local de trabalho durante a pausa do meio--dia. Apesar dessa dificuldade extra, todos observavam o jejum Eucarístico a partir da noite anterior, rejeitando o café da manhã e trabalhando toda a manhã de estômago vazio. Mas ninguém reclamava. Os prisioneiros iam lentamente em pequenos grupos até o local designado, e ali o sacerdote celebrava a Missa em roupas de trabalho, sujo, roto, encolhido contra o frio. Celebrávamos a Missa em depósitos varridos por correntes de ar gelado, apinhados na lama, ou atrás de um alicerce escavado num canteiro de construção. A intensidade da devoção dos padres e prisioneiros compensava tudo: não havia altares, velas, sinos, flores, música, linho alvo, vitrais, ou o calor que até a paróquia mais simples podia oferecer. Mas naquelas condições primitivas, a Missa nos levava mais perto de Deus do que era possível conceber. A compreensão do que acontecia sobre a tábua, o caixote ou o bloco de alvenaria que fazia as vezes de altar penetrava profundamente na alma. As distrações causadas pelo medo da descoberta, que acompanhavam cada celebração da Missa naquelas condições, não prejudicavam o efeito que aquele pedacinho de pão e aquelas poucas gotas de vinho consagrado produziam na alma.

Muitas vezes, ao dobrar o lenço em que o corpo de Nosso Senhor repousara e secar o copo de vidro ou alumínio usado como cálice, a sensação de ter realizado algo de valor incalculável pelas pessoas daquele país ateu era irresistível. A ideia de ter celebrado a Missa ali naquele local fez com que eu me apercebesse de que minha jornada à União Soviética e os sofrimentos que suportei tinham sido necessários e valido a pena. Nenhuma outra inspiração teria aprofundado mais minha fé, me dado coragem espiritual em maior abundância, que o privilégio de celebrar a Missa para os mais pobres e famintos membros do rebanho de Cristo, o Bom Pastor. Às vezes via-me dominado pela emoção ao pensar em como Ele encontrara uma maneira de seguir e alimentar aquelas ovelhas desgarradas e perdidas naquela terra tão desolada. Assim, nunca deixava que se passasse um dia sem celebrar a Missa. Era a minha prioridade todos os dias. Faria qualquer coisa, sofreria qualquer inconveniência, correria qualquer risco para tornar o Pão da Vida disponível para aqueles homens.

O pão e o vinho para a Missa eram contrabandeados para nós pelas pessoas das cidades próximas na região ártica, mas geralmente vinham direto da Ucrânia. Não era possível comprar vinho para Missa nas lojas da Sibéria, pois todos os vinhos disponíveis lá continham impurezas. Mas pessoas que tinham sobrevivido aos campos de trabalho e voltado para casa na Ucrânia enviavam pequenos barris de madeira de vinho para Missa, com uns quatro litros, para os amigos das cidades próximas aos campos. Esses amigos, com a ajuda de algum caminhoneiro aliado que entrava e saía das áreas de trabalho protegidas e cercadas para fazer entregas de materiais de construção, enviavam vinho para os sacerdotes prisioneiros. De fato, havia uma troca regular de bens contrabandeados para dentro dos campos. Era assim que as pessoas livres das cidades próximas, com pena dos prisioneiros, enviavam-lhes vodca e mantimentos, de forma que não era só vinho para Missa que recebíamos com regularidade. O turno da noite era melhor para ocultarmos os itens, pois os guardas noturnos geralmente não eram tão atentos quanto os diurnos; à noite, as equipes de prisioneiros eram menores e trabalhavam na manutenção, por isso havia menos guardas e a segurança era menos rígida.

Os sacerdotes na Ucrânia, na Polônia ou na Lituânia

que ainda não haviam sido presos, ou que haviam sido libertados e voltaram para o seu país, esforçavam-se para ajudar seus irmãos presos. Também as freiras operavam milagres para ajudar os sacerdotes prisioneiros. Pelas regras do campo, cada preso tinha direito a escrever para a família duas vezes por ano. Podia também receber pacotes de vez em quando, se obtivesse a permissão do chefe de segurança. Geralmente, o limite era de dois pacotes por ano. Assim, um padre preso informava nas cartas a sua localização aos parentes e lhes pedia discretamente que repassassem aos padres em sua cidade a informação sobre ele próprio e os outros sacerdotes presos. Como os padres da Ucrânia e dos países ocupados estavam sob estrita vigilância, geralmente eram as freiras que cuidavam das necessidades dos clérigos deportados, exilados e presos. Muitas delas conseguiram trabalho nos hospitais locais quando seus conventos fecharam, e elas que forneciam aos prisioneiros pão, vinho e livros para a Missa. Misturavam, por exemplo, páginas dos livros com páginas de jornal e as usavam como embalagem. Outras páginas do missal eram usadas para embalar o pão da Missa. Os guardas não prestavam atenção ao «papel velho» das embalagens, e algumas páginas dos livros acabavam perdidas ou jogadas no lixo. Por isso, avisávamos aos prisioneiros que faziam a limpeza dos escritórios para procurar e recuperar as páginas descartadas antes de que fossem queimadas. Os prisioneiros famintos, cristãos ou não, estavam sempre dispostos a fazer esse favor em troca da promessa de receber algum item que viesse nos pacotes, e assim enganavam as autoridades do campo.

O vinho era um problema diferente, mas as freiras o enviavam, como expliquei, a certas pessoas nas cidades próximas. Assim, de várias maneiras e passando por várias pessoas, pequenas quantidades de vinho eram contrabandeadas para o campo. Mesmo correndo risco de serem surpreendidos no ato e punidos, os prisioneiros crentes cooperavam voluntariamente conosco e nos ajudavam a manter um suprimento de vinho e pão para a Missa em vários locais do campo. Assim, cada padre no campo recebia o necessário para celebrar a Missa. Diariamente, se precisasse de alguma coisa, bastava pedir para ter a necessidade suprida na medida do possível. Nas condições quase sempre impossíveis dos campos de trabalho forçado, um padre que manifestasse o desejo de celebrar a Missa sempre podia fazê-lo. E nós fazíamos.

Mas dentro do campo a Missa só podia ser celebrada com grandes precauções. Os prisioneiros mudavam constantemente de alojamento; havia informantes em cada grupo. Ir até um alojamento que não fosse o seu era estritamente proibido, e você tinha de se retirar assim que notavam que o seu lugar não era ali. Não só os guardas eram severos. Os próprios prisioneiros tomavam essas precauções, porque ladrões experientes estavam sempre de olho na oportunidade de roubar alguma coisa, qualquer coisa melhor do que tinham. Se nos reuníssemos fora dos alojamentos, os guardas ficavam desconfiados e alertas contra nossos pequenos grupos e nos ordenavam que voltássemos para os alojamentos.

Celebrar a Missa nos alojamentos era difícil e perigoso, e só arriscávamos em raras ocasiões ou em caso de necessidade urgente. Então tínhamos de nos aglomerar num canto escuro enquanto prisioneiros aliados vigiavam nos corredores para nos avisar da aproximação dos guardas. A um sinal deles consumíamos apressadamente as espécies do pão e do vinho consagrado e nos dispersávamos. Só fui surpreendido no ato uma vez. Três guardas, obviamente orientados por informantes, apareceram subitamente no canto do alojamento onde eu estava celebrando a Missa com alguns companheiros e vieram direto até nós. Fizeram-nos levantar e ficamos de lado enquanto vasculhavam a área. Atiraram as partículas do pão consagrado no chão e sob os beliches, no meio de todo tipo de sujeira. Mas o vinho consagrado não foi tocado, pois junto do copo de alumínio usado como cálice havia outros copos em cima do banco que usávamos como altar. Todo sacerdote em algum momento nos campos passou por essa triste experiência. Era angustiante, para dizer o mínimo, e fazia com que nos preocupássemos com toda Missa, por medo do mesmo risco de descoberta e sacrilégio.

Assim, geralmente preferíamos celebrar a Missa em algum local da área de trabalho, embora para isso tivéssemos de ficar sem comer por toda a manhã, e então abrir mão dos poucos momentos de descanso que os prisioneiros tinham durante a pausa para o almoço. Mesmo assim, não podíamos convidar muitas pessoas para a Missa, ou a concentração diária de pessoas no mesmo lugar atrairia atenção indesejada. Geralmente escolhíamos um barracão ou um canto ao pé de um prédio afastado das áreas de trabalho – às vezes levava quinze minutos ou mais para chegarmos ao barracão ou construção onde a Missa seria celebrada – e tínhamos de começar na hora certa para não voltarmos atrasados para nossos postos de trabalho. Tudo isso tornava difícil que muitos prisioneiros participassem, e por isso consagrávamos pão extra e distribuíamos a co-

13. O SIGNIFICADO DA MISSA 185

munhão para os outros quando podíamos. Às vezes só voltávamos a vê-los quando retornávamos para o alojamento à noite, antes do jantar. Mas aqueles homens faziam jejum o dia inteiro, realizando trabalho físico cansativo sem nada para comer desde o jantar da noite anterior, só para poderem receber a Santa Eucaristia – tal era a importância do sacramento para eles naquele lugar que parecia esquecido por Deus.

Os raros dias de folga, quando todos os prisioneiros podiam descansar, eram os mais difíceis para a celebração da Missa. Ao mesmo tempo, eram a ocasião mais propícia para celebrar a Missa para um grande grupo, se conseguíssemos nos reunir no pátio do campo usando algum pretexto, e corremos esse risco algumas vezes, especialmente quando o dia coincidia com alguma festa religiosa especial. Mas geralmente em dias assim eu celebrava a Missa de manhã cedo, meio recostado no beliche enquanto a maioria dos prisioneiros ainda dormia. Obtinha o vinho na noite anterior na clínica ou na sala de desinfecção, onde trabalhavam aliados que escondiam o vinho para os sacerdotes. Segurava o pão em minhas mãos envoltas num pedaço de tecido branco, recostado no beliche, e recitava de cor as orações da Missa. Antes que o sinal para que nos levantássemos soasse, eu já tinha terminado a Missa e distribuído a comunhão aos outros, ajudado pela agitação geral e a movimentação que sempre se seguiam ao toque de despertar. Repetidas vezes me vi maravilhado diante da devoção daqueles homens. A maioria ali havia recebido pouquíssima formação religiosa formal. De modo geral, sabiam pouco de religião, exceto pelas orações e crenças que seus pais e avós devotos lhes haviam ensinado. E, no entanto, acreditavam e estavam dispostos a fazer sacrifícios inauditos para obter o consolo de assistir à Missa e receber a Comunhão.

Os prisioneiros cristãos em geral demonstravam grande respeito pelos padres no campo e procuravam passar a maior parte do tempo na companhia deles. Mesmo os que não praticavam a fé geralmente preferiam passar o tempo no grupo dos padres. Defendiam, apoiavam e encorajavam os padres tanto quanto podiam. Pareciam sentir uma obrigação nesse sentido. Ocasionalmente chegavam a oferecer parte da sua escassa ração para que os padres tivessem um pouco mais de pão. Diziam que queriam fazer esse sacrifício para expressar sua fé em Deus e a sua gratidão por Ele ter posto aqueles sacerdotes no meio deles. Certamente o cêntuplo que Cristo prometeu aos que abandonassem pai, mãe, família e país para segui-lO era dado ali, não de forma espetacular, mas nas ações simples e comuns dos fiéis generosos, por meio dos seus pequenos e contínuos favores. Pois aquilo que sacrificavam, embora parecesse insignificante, era na verdade uma parte do que tinham para sobreviver.

E a vontade de sobreviver era a prioridade de todos nos campos de trabalho forçado da Sibéria. Sobreviver àquilo tudo e receber a liberdade no fim era a esperança secreta que todos nutriam. O instinto de viver, de sobreviver, especialmente para os que tinham família ou entes queridos, era a motivação mais forte a todas as horas de todos os dias. Aqueles homens tinham uma aguçada noção de cada dia que viviam. Contavam cada um como um dia a menos de sentença, mas também como um a menos de vida. Ali ninguém desejava, nem ao pior inimigo, a desdita de morrer naqueles campos longe de tudo que se amava. E, no entanto, sabiam que cada dia era mais um passo na longa e lenta marcha em direção à morte.

Foi a homens assim que eu havia sido escolhido para dar o pão da vida, e me sentia privilegiado por isso. *Se não comerdes a carne do Filho do Homem, e não beberdes o seu sangue*, dissera Cristo aos discípulos, *não tereis a vida em vós mesmos. Quem come a minha carne e bebe o meu sangue tem a vida eterna* (Jo 6, 53-54). Aqueles homens, com sua fé simples e direta, reconheciam essa verdade e acreditavam nela. Não eram capazes de a explicar como um teólogo, mas a aceitavam e a viviam, dispostos a fazer sacrifícios voluntários, mesmo numa vida já privada de tudo, para poder receber o Pão da Vida. A Missa e o Santíssimo Sacramento eram uma fonte de grande consolo para mim; eram a fonte da minha força, da minha alegria e do meu sustento espiritual. Mas foi quando compreendi o que a Santa Eucaristia significava para aqueles homens, que sacrifícios estavam dispostos a fazer por ela, que me senti animado, privilegiado, impelido a tornar possível que eles recebessem o Pão da Vida sempre que quisessem. Nenhum perigo, nenhum risco ou retaliação me impediriam de celebrar a Missa todos os dias para eles. *Todas as vezes que o beberdes, fazei-o em memória de mim* (1 Cor 11, 25). A vida nos campos de trabalho era o Calvário para aqueles homens, de muitas maneiras, todos os dias; não havia nada que eu não faria para oferecer o sacrifício do Calvário novamente para eles todos os dias na Missa.

14. Retiros

A vida nos campos de prisioneiros se passava numa rotina infindável e implacável. Não havia distrações, feriados, férias ou atividades recreativas para os prisioneiros. O trabalho era o dever do dia, todos os dias, dia após dia, e um dia se seguia ao outro com regularidade maçante, laboriosa, distinguindo-se uns dos outros apenas pela mudança do clima ou pelo trabalho a ser feito. Havia dias em que o prisioneiro podia se orgulhar do que havia realizado, mesmo que isso significasse apenas sentir satisfação por ter completado a quota do dia. O homem precisa de alguma coisa, algum sentido de realização para manter seu senso de dignidade humana, do seu valor e estatura enquanto pessoa. Mesmo cumprindo a rotina mais restritiva, repetitiva e entediante, o homem busca algo para manter seu senso de dignidade e valor. Às vezes, nas duras condições dos campos, conseguia essa satisfação apenas ao tomar consciência de ter sobrevivido ao sistema por mais um dia.

Os dias de trabalho no longo crepúsculo ártico pareciam intermináveis, e sucediam-se numa torrente aparentemente sem fim. O trabalho era difícil e as condições, duras, como foram pensadas para ser. O trabalho era o castigo que o prisioneiro devia cumprir por suas transgressões contra o estado. Ele recebia apenas comida suficiente para manter-se vivo, o mínimo possível para que pudesse continuar a trabalhar, e trabalhava todos os dias até quase a exaustão. Constantemente famintos, sempre cansados, os prisioneiros mantinham-se submissos, sem pensar em revoltas ou fugas. Às vezes, por um mês inteiro ou mais, as autoridades da prisão nos mantinham trabalhando sem um único dia de folga. Despertados por um sino de ferro às cinco da manhã, saíamos em marcha para trabalhar por doze a quatorze horas por dia, marchávamos de volta para o campo para comer a nossa parca refeição de sopa e *kasha*[1], sempre a mesma, e então desabávamos exaustos em beliches de tábua nos alojamentos – tal era a rotina dos prisioneiros enquanto os dias emendavam-se uns nos outros num borrão. Os oficiais da prisão definiram esse regime para manter os prisioneiros ocupados ao máximo e, assim, submissos, mas mesmo os oficiais tinham uma quota de trabalho definida em Moscou para ganhar o cobiçado reconhecimento das autoridades. Os prisioneiros não tinham escolha a não ser conformar-se ao padrão definido – a mesma rotina diária repetida ano após ano até se tornar um hábito, o mesmo ramerrão diário entediante, sem fim nem esperança, exceto a esperança da sobrevivência.

O corpo podia se ajustar àquelas condições, mas a men-

---

(1) Prato de cereais cozidos com leite quente.

te não. Privado de livros, ou mesmo de muitas chances de conversas longas, cada homem era deixado a sós com as lembranças da liberdade perdida, da vida antiga, e passava a buscar o significado de tudo aquilo. Em compensação, os prisioneiros eram constantemente bombardeados com propaganda sobre o valor do trabalho, sobre a responsabilidade que tinham de compartilhar na construção da sociedade socialista que haviam prejudicado com suas transgressões, sobre a necessidade de sacrifícios ainda maiores, maiores esforços, objetivos mais altos e mais trabalho. Embora constantes, essas exortações não causavam qualquer impressão nos prisioneiros. A insistência e a repetição impiedosas faziam da propaganda apenas outra forma de castigo. O prisioneiro a reconhecia pelo que era, resmungava a respeito e a ignorava. Suportava-a com paciência na maior parte do tempo, como o resto, desejando apenas sobreviver para finalmente se ver livre. E, no entanto, os prisioneiros nos diziam que o fim da vida de trabalhos forçados não implicava o fim do poder do partido, nem que nos veríamos livres da pressão de trabalhar cada vez mais arduamente para construir uma nova ordem, o novo mundo socialista. Não havia como escapar, não havia onde um homem pudesse ir para viver em paz, trabalhar e viver normalmente como desejasse.

Para sobreviver naquela situação, o homem precisava de mais do que comida ou mesmo sustento intelectual; precisava de força espiritual. Assim, organizei o melhor que pude um movimento de retiros em cada campo. Comecei com os sacerdotes, que concordaram ansiosos com a ideia. Eles, mais do que os outros, certamente compreenderam a necessidade de um espírito forte na fé, de uma vida espiritual mais profunda. Muitos sentiram essa necessidade especialmente por estarem à beira do desânimo e, às vezes, do desespero. Os sacerdotes, sob vigilância constante e sempre suspeitos, eram o principal alvo de abusos nos campos de trabalho. Eram chamados para interrogatórios o tempo todo, observados pelos informantes, ameaçados, transferidos de um alojamento para o outro a fim de que não influenciassem outros prisioneiros. Com todo o dano que a intimidação constante causava ao seu trabalho, era fácil que se sentissem desanimados.

Ainda pior eram as grandes dúvidas que os acometiam por causa do cansaço e do desânimo. Perguntavam-se o que um punhado de padres poderia fazer nos campos, ou o que padres sozinhos, dispersos por toda a União Soviética, podiam fazer para combater o ateísmo e a propaganda contra a Igreja e a religião? Que chance real a Igreja tinha de sobreviver sob um sistema em que as pessoas eram constantemente bombardeadas com informes que desacreditavam a religião como superstição, em que a prática da religião era desencorajada de tantas maneiras e dificultada por tantas pressões sutis, em que um homem podia perder seu emprego ou a possibilidade de educar os filhos por ser conhecido como crente, em que mesmo as crianças eram vítimas de chacota na escola por causa da crença dos pais, ou aprendiam a desprezar as práticas religiosas às quais a geração mais velha ainda se agarrava e sobre a qual ainda falava em casa? Como podiam alguns poucos sacerdotes, cada vez menos com o fechamento dos seminários, esperar surtir algum efeito contra todo o poder do governo e da sua propaganda? Como podiam fazer algum bem, quando mesmo aqueles que ainda acreditavam ou queriam acreditar em

14. RETIROS

Deus tinham medo de aproximar-se deles ou ser vistos com eles por conta das represálias no trabalho, da condenação e da hostilidade de amigos e vizinhos, ou das pressões que se abatiam indiretamente sobre si mesmos e suas famílias de tantas maneiras? Falando em termos humanos, a tarefa parecia sem esperança, e o futuro na melhor das hipóteses era incerto. O desânimo era fácil demais, e por isso o conforto da companhia e a ideia dos retiros, que seriam dias de concentração e reorganização mental, foi recebida com entusiasmo pelos meus colegas sacerdotes.

Muitos dos padres ali eram homens mais velhos, que se cansavam facilmente. Desacostumados com o trabalho físico extenuante e acossados pelas autoridades da prisão, adoeciam com frequência e necessitavam de auxílio médico. Mas mesmo os limitados cuidados médicos disponíveis nas clínicas do campo lhes era negado pelos oficiais, por serem sacerdotes. A fraqueza física e a debilidade costumavam agravar a sua depressão, o seu desânimo, os seus temores com relação ao futuro da Igreja e os deles próprios.

A vida no campo os privava de todas as práticas religiosas externas às quais haviam se acostumado na sua longa vida de sacerdote. Mesmo na Missa, as formas externas prescritas pela Igreja tinham de ser em grande parte descartadas. Celebrávamos a Missa sentados, ou às vezes caminhando, às vezes recostados, pois os rituais prescritos teriam chamado atenção para o que estávamos fazendo, e atrairiam os guardas rapidamente. Era difícil para muitos dos padres mais velhos, embora se esforçassem, praticar uma vida de oração e dedicação sem o apoio das externalidades com as quais já estavam tão acostumados.

Só me era possível pregar retiros nos campos para um

sacerdote por vez. Segui o método de Santo Inácio[2], pois era o que eu conhecia melhor, repetindo as meditações de memória e adaptando-as às situações e circunstâncias do campo. Dava os pontos para cada uma das meditações às seis da manhã, antes de os prisioneiros saírem para o trabalho. Eu precisaria de pelo menos meia hora para dar os pontos de maneira adequada, mas era difícil conseguir; àquela hora da manhã, todo o acampamento era um tumulto só. Os prisioneiros saíam dos alojamentos em bando, espalhando-se por todas as direções – para a cozinha, o depósito, a sapataria, a padaria, o barracão de ferramentas e a enfermaria. Todos pareciam ansiosos, preocupados com alguma coisa importante, apressados, à procura de um médico para escapar do trabalho, à procura de mais comida, de olho em alguma roupa extra para roubar e proteger-se do frio do Ártico, ou de olho para que nada seu fosse roubado. Os guardas também corriam de um alojamento para o outro feito loucos, vigiando os prisioneiros e gritando para os que vagavam sem rumo voltassem para o seu lugar e se preparassem para o trabalho. No meio de toda a comoção, eu tinha de encontrar um local quieto para ficar a sós com o exercitante. À noite, depois do trabalho, era bem mais fácil conseguir passar uma hora ou mais com o sacerdote-prisioneiro para quem eu dava o retiro.

---

(2) É o método proposto por Santo Inácio de Loyola nos seus *Exercícios espirituais* (1548). Nele, as pregações e meditações do retiro seguem quatro etapas sucessivas – do conhecimento próprio à contemplação do amor de Deus e da vida de Cristo – com o objetivo de levar o fiel a discernir e assumir a vontade de Deus para si e agir em consequência. Inicialmente pensados para durar cerca de um mês, os retiros segundo os *Exercícios Espirituais* podem ser adaptados às circunstâncias dos seus participantes, que, como se verá adiante, costumam ser chamados de *exercitantes* (N. do E.).

14. RETIROS

Naquelas circunstâncias, os retiros para sacerdotes geralmente duravam três dias, ocasionalmente cinco, e nunca se estendiam além de uma semana. Sempre que possível, eu tentava obter ajuda de outros padres na empreitada. Às vezes três de nós dávamos retiros individuais, para dar aos outros a possibilidade de escolher o diretor espiritual. Da minha parte, eu me concentrava nas meditações-chave dos *Exercícios* de Santo Inácio: Princípio e Fundamento, o Reino, as Duas Bandeiras[3], e as meditações sobre a Paixão de Cristo. Considerava extremamente importante, naquelas circunstâncias, esforçar-me para que os meus irmãos voltassem a ter presente o plano de Deus para a salvação do homem, para que voltassem a confiar mais nEle, fortalecessem a sua decisão de ver a vontade dEle nos acontecimentos de cada dia – mesmo em dias como os que tínhamos de suportar – e para que lutassem ao máximo para cumprir essa vontade com confiança completa na providência e no poder de Deus.

Enfatizei que, como sacerdotes, eles haviam escolhido responder ao chamado de Cristo de forma especial, mesmo que isso significasse imitá-lO de forma especial no seu sofrimento para redimir o mundo. Cada um deles havia respondido ao chamado para trabalhar com Ele, para sofrer com Ele, até para morrer com Ele, a fim de outros para o reino que Ele estabelecera. Aqueles padres-prisioneiros haviam sido chamados para *beber o*

---

(3) Pode-se dizer, em linhas bastantes gerais, que essas três meditações tratam, respectivamente, da atitude de disponibilidade à ação do Espírito Santo, do chamado de Deus para trabalhar pelo seu Reino, e da decisão de corresponder a esse chamado e lutar sob a bandeira do Senhor, e não sob a de Lúcifer. (N. do E.)

cálice que eu devo beber (Mt 20, 22), como Ele uma vez dissera a João e Tiago. Tinham respondido ao chamado e fizeram uma promessa, e Cristo estaria igualmente pronto com sua graça para ajudá-los a concluir a missão para a qual os convocara.

Na vida esquálida que levávamos, nas condições em que tentávamos trabalhar, era fácil perder esse panorama de vista, desanimar, sentir-se um sacerdote inútil e imprestável. Mas quem é que tem uma vida fácil? A visão do Reino, o chamado de Cristo para trabalhar e sofrer com Ele, tem o timbre de uma grande e nobre cruzada – mas cada um de nós deve traduzir essa visão e manter esse espírito nos eventos rotineiros e sem graça de cada dia, mesmo os dias passados num campo de prisioneiros. Costumamos pensar que deve ser fácil estar constantemente inspirado por essa visão quando se é um Francisco Xavier ou um Ricardo Coração de Leão, convertendo as Índias ou escalando as muralhas de Jerusalém com a espada na mão, em meio ao calor da batalha e visando conquistar uma grande vitória. Esquecemo-nos de que Xavier também viveu um dia por vez, frustrado e talvez desanimado, cada período de 24 horas repleto de tantas derrotas e frustrações quanto de vitórias, cada hora feita de sessenta minutos de coisas rotineiras e pessoinhas ocupadas, preocupadas com tantas outras coisas, dia após dia, semana após semana, mês após mês, ano após ano. Nas suas andanças para pregar o Evangelho, quantas vezes Xavier não deve ter se perguntado se seria possível atingir os milhões de pessoas à sua volta? Quantas vezes não deve ter se sentido desanimado com as pessoas que encontrava a cada dia e que não correspondiam à sua pregação? Quantas vezes ele não deve ter se desesperado com o mal do mundo ao redor, ou se sentido impotente diante dele? Eu não precisava falar do poder do mal para os padres -prisioneiros. O mal ali era tangível. Estava à nossa volta. Que havia uma força do mal à solta no mundo, batalhando para conquistar as mentes dos homens, era um fato tão real quanto a cerca de arame farpado que nos prendia e a propaganda com que éramos bombardeados todos os dias. De modo que ali era o campo de batalha daqueles sacerdotes, ali era o lugar que Cristo, na sua providência, resolvera colocá-los, era ali que eles deveriam trabalhar, sofrer e talvez morrer. Não nas Índias do século XVI, não na Terra Santa do século XII. Nem mesmo na rotina entediante e com frequência frustrante de uma paróquia repleta dos problemas dos outros e das preocupações deste mundo, mas nas condições aparentemente sem chance de redenção de um campo onde os homens lutavam para simplesmente sobreviver, e se orgulhavam e se consolavam por ter sobrevivido só mais um dia.

Os padres-prisioneiros tinham de convencer-se da necessidade de renovar a fé na crença de que a vitória de Cristo era a garantia da sua própria. O reino de Deus tinha de ser conquistado na terra, pois esse era o significado da Encarnação. Ele tinha de ser conquistado por homens, por outros Cristos; tinha de ser conquistado hoje, a cada dia, por esforço e atenção constantes, usando as pessoas e circunstâncias que Deus colocava em nosso caminho a cada dia. O «reino de Deus» de fato se iniciara na terra com a vinda de Cristo, mas o mundo não mudara visivelmente com o seu nascimento. Doze pescadores galileus haviam sido instruídos a contar as boas novas a todo o mundo – e como tal tarefa não deve ter parecido inútil até mesmo para o mais audaz entre eles depois do Pentecostes! Vinte séculos depois o reino de Deus ainda era um grão de mostarda, e sacerdotes parecidos com eles ainda enfrentavam a tarefa impossível de fazer homens (que nunca haviam acreditado, ou que haviam desistido de suas crenças sob a pressão da vida diária ou os ataques da propaganda) ouvirem novamente as boas novas da salvação e do amor de Deus – e passassem a acreditar nEle. Aquelas boas novas chegavam aos homens um de cada vez, pela graça de Deus e de acordo com sua providência, não em uma cruzada grande e visionária, ou da noite para o dia em algum evento milagroso. A cada dia, todos os dias de nossas vidas, Deus nos apresenta as pessoas e as oportunidades em que se espera que nós atuemos. Ele não espera de nós mais do que isso, mas também não aceitará nada menos. E quebraremos a nossa promessa e o nosso compromisso se não virmos nas situações de cada momento de cada dia a sua vontade divina.

É assim que o reino de Deus tem se expandido desde a vinda de Cristo até agora. Essa expansão depende da fé e da dedicação de cada homem, mas especialmente do sacerdote, todos os dias de sua vida. Cada momento da vida de cada homem é precioso aos olhos de Deus, e nenhum instante deve ser desperdiçado com dúvidas e desânimos. A obra do Reino, de trabalhar e sofrer com Cristo, não é mais espetacular, de forma geral, que a rotina da vida diária. Talvez o sacerdote não obtenha nenhum sucesso espetacular, pelo menos na medida humana do sucesso, talvez não obtenha conversões milagrosas, exibições entusiasmadas de devoção, nada dramático. Mas deve acreditar e estar convicto de que Cristo garante o seu sucesso. Cristo cuidou para que ele estivesse ali, naquele dia, entre aquelas pessoas, para que o reino de Deus fosse expandido ali, entre aquelas pessoas. Como sacerdote, esse prisioneiro deve dar um testemunho especial do poder do Reino de transformar todas as coisas humanas, mesmo as torcidas e pervertidas, as rotineiras e aparentemente insignificantes. De fato, aquilo que não é espetacular e que parece desesperançado é que oferece o verdadeiro desafio. Pois essas coisas também devem ser transformadas e redimidas para que a vitória de Cristo seja completa. O reino de Deus não se realizará na terra através de grandes batalhas de espada contra os poderes das trevas, mas através de cada um de nós, trabalhando e sofrendo dia após dia como Cristo trabalhou e sofreu, até que todas as coisas por fim sejam transformadas. E esse processo de transformação continua até o fim dos tempos.

Apenas uma profunda renovação da fé em Cristo, uma visão renovada de como o seu Reino é conquistado neste mundo e um senso renovado de dedicação à sua vontade podia dissipar o desânimo que os padres-prisioneiros às vezes sentiam, assustados porque o poder do mal e a aparente inutilidade da causa apareciam diante deles com toda clareza nos campos. As provações que suportavam e pelas quais haviam passado eram severas – talvez, humanamente falando, fossem severas demais para confrontarem sozinhos. Até a chance de falar com outros padres no campo e discutir os problemas da religião, da Igreja e do sacerdócio mostrava-se insuficiente para debelar toda dúvida e restaurar a paz mental. Mas as meditações do retiro pareciam ajudar os padres de pouca fé a renová-la e reconquistá-la, a ver os eventos à nossa volta à luz do Reino e a obra de salvação no mundo como ele é. O retiro não mudava as situações do campo nem tornava a vida do padre melhor, mas ainda assim fazia efeito na alma. Renovava a visão que ele tinha da própria vida e das vidas dos homens em redor dele, à luz da providência de Deus e do poder transformador de Cristo. Dava ao sacerdote novas forças e novo espírito para encarar os desafios de cada dia, nas condições mais cruéis, como oportunidades que não podem ser perdidas na construção do reino de Deus.

Com isso em mente, também tentávamos marcar retiros para os outros prisioneiros sempre que podíamos. Nem sempre era fácil, pois mesmo os que conservavam a fé não se mostravam ansiosos para falar de religião. Em todo caso, os prisioneiros em geral demoravam a falar dessas coisas, pois preocupavam-se primeiro com sua simples sobrevivência. A fé deles era simples; mais simples ainda era a sua moral. Mentir, trapacear e roubar eram um modo de vida ali. Os prisioneiros justificavam-se para si mesmos argumentando que era a única maneira de sobreviver, e era um modo de trapacear o sistema, de neutralizar o domínio absoluto dele sobre as suas vidas. Havia bem poucas consciências sensíveis no campo no que dizia respeito a tais questões. A pessoa fazia o que tinha de fazer para sobreviver a todo custo. Podiam mencionar tais coisas na confissão porque era o que haviam aprendido a fazer, mas era difícil para eles sentir algum arrependimento. Às vezes era quase como se estivessem pedindo a aprovação de Deus para essas práticas em vez de misericórdia ou perdão. Eles queriam «acertar» as coisas com Deus, mas também queriam sobreviver naquele sistema cruel e injusto – e esperavam que Ele compreendesse.

Eis o que realmente nos surpreendia naqueles homens:

a simplicidade e retidão da sua crença em Deus e a tenacidade da sua fé e da sua confiança nEle. Mesmo a consciência dos seus pecados e fracassos expressada na confissão parecia servir apenas para reforçar a sua fé. Se Deus os havia preservado até ali, diziam os prisioneiros, se Ele não os tinha rejeitado por suas transgressões, mas os tinha mantido vivos até ali, então certamente Ele não os abandonaria. Aquela era a fonte da sua confiança e fé nEle. Podiam contar com Deus quando não era possível contar com os homens. Ele ajudaria, mesmo que os amigos e todo o resto os abandonassem. Ele demonstrava isso até ali. Deus era a última esperança de sobrevivência do prisioneiro, seu último recurso. Não importava o que a pessoa tivesse feito, como tinha decepcionado a Deus ou ao próximo: Deus ainda não a havia abandonado e ela podia contar com Ele para sustentá-la novamente no dia seguinte.

Os retiros para esses prisioneiros eram mais uma missão, na verdade. Tentávamos trabalhar a partir da fé e confiança que já tinham em Deus, nas quais se agarravam e com as quais contavam, para encorajá-los a se aproximar ainda mais de Deus por meio dos sacramentos, com confissões e comunhão mais frequentes. E tentávamos, além disso, ajudá-los a compreender que suas vidas não estavam perdidas ou desperdiçadas, mas ainda eram preciosas aos olhos de Deus. Era por isso que nós não os havíamos abandonado nem iríamos fazê-lo. Vez após vez falávamos da providência de Deus como algo além do mero cuidado e proteção por eles, cuidado e proteção que tão indubitavelmente eles já sentiam. Tentávamos ajudá-los a ver que a sua vida também tinha significado; que o seu trabalho e o seu sofrimento tinham valor todos os dias; que o que faziam ainda tinha dignidade aos olhos de Deus, se não aos olhos dos homens. Assim, os ensinamos a rezar o Oferecimento Matinal – dedicar a Deus todas as orações, as obras e os sofrimentos de cada dia em conformidade com sua vontade – como modo de obter graça para terceiros, especialmente família e amigos.

Dessa maneira, não importava o quão cruéis fossem as condições nos campos, o quão cruel e inútil o trabalho parecesse ser, tudo assumia um novo significado e valor. Era algo de que uma pessoa podia se orgulhar a cada dia, porque era algo seu que podia ser oferecido de volta a Deus. Cada dia de trabalho e dificuldade, como o grão de trigo moído para confeccionar a hóstia para a Missa, podia ser consagrado a Deus e transformado em algo de grande valor aos olhos de Deus; era um sacrifício que cada homem podia oferecer a Deus naqueles dias longos e difíceis. A rotina exaustiva do trabalho diário, até ali na Sibéria, podia ter um significado, um valor, assim como a vida dos homens em toda parte – não importava o quanto parecessem tediosas, rotineiras ou insignificantes aos olhos dos homens – tem valor e significado na providência de Deus.

15. O medo da morte

Creio que encarar um pelotão de fuzilamento é um bom teste para a teologia da morte de alguém. E acho que não passei nesse teste. Talvez tudo tenha acontecido rápido demais, sem aviso. Tinha havido uma revolta de prisioneiros no Campo 5, em Norilsk, e quando as tropas chegaram para debelar o tumulto, dividiram os prisioneiros em pequenos grupos e os escoltaram para fora. Puseram-me num grupo de trinta pessoas, um dos primeiros a ser levado para fora do campo até um buraco escavado na areia a um quilômetro e meio de distância. Não tínhamos ideia de qual medida disciplinar seria tomada contra nós, mas jamais imaginamos que iríamos ver os soldados se alinhando quatro metros à nossa frente com os rifles prontos, apenas esperando o comando de atirar. O comando foi dado, e os rifles ergueram-se; mais um comando, e foram engatilhados e apontados para nossas cabeças. Por um momento, como num sonho, nenhum de nós entendeu o que estava acontecendo de verdade. Então a consciência de que olhávamos para os canos de armas que aguardavam apenas um comando para disparar finalmente se apossou da minha mente com uma força que fez o mundo inteiro parar. Meu estômago deu voltas e ficou dormente; meu coração parou. Tenho certeza de que esqueci de respirar. Eu não conseguia mover um músculo do corpo e a minha cabeça esvaziou-se completamente.

O primeiro pensamento que me ocorreu foi uma pergunta: «Este é o fim, Senhor?». Sei que comecei um ato de contrição, mas lembro da sensação de perceber que havia uma parte de mim que não conseguia compreender as palavras que eu estava murmurando. Outra parte minha estava concentrada no fato de que numa fração de segundo eu estaria diante de Deus, atônito e despreparado, incapaz, em meio à confusão e ao terror total e súbito, de me sentir culpado dos meus pecados, atordoado e paralisado, incapaz até de realizar um único ato de fé no Deus em que eu aprendera a confiar implicitamente em cada ação de cada dia, quanto mais de pensar com entusiasmo no fato de que eu finalmente O veria face a face. Ainda lembro vivamente do que pensava no momento, e do segundo medo que se apossou de mim, quando percebi que era incapaz de realizar qualquer ato cristão para me redimir, paralisado e aterrorizado, mas ainda consciente do que deveria estar fazendo – que na verdade estava tentando fazer, ao recitar mecanicamente o ato de contrição sem compreender o seu significado – no último momento de vida concedido a mim antes que o véu se rasgasse e eu me pusesse diante de Deus.

Não faço ideia do quanto durou aquele momento. De repente, houve um tiro ao longe, gritos, e um grupo de oficiais avançou correndo para impedir nossa execução. Só sei que, quando o momento passou, o meu coração batia forte, cada músculo e nervo se sacudia em espasmos, meus joelhos fracos tremiam e minha mente mais uma vez pôde seguir a sequência de eventos de forma coerente. Quando finalmente nos fizeram marchar de volta, tentei entender o que havia acontecido comigo.

Com frequência ao longo dos meus anos de prisão, interrogatórios e vida nos campos, convivi com a ideia da morte. Em mais de uma ocasião, disseram-me que eu seria fuzilado, e eu sabia que as ameaças eram para valer. Vira homens morrerem ao meu redor, de inanição ou doença, e às vezes por pura falta de vontade de continuar vivendo. Encarei a morte repetidas vezes na minha cabeça, ajudei pessoas em seus momentos finais, convivi com conversas sobre a morte e com a sua presença. Eu pensara nela, refletira, não tinha medo dela e às vezes ansiava pelo momento final. O que havia acontecido naquele momento que tinha me aterrorizado tanto, me desestabilizado tão completamente e me deixado incapaz de funcionar, de rezar, até de pensar? Será que havia sido apenas a surpresa, o caráter abrupto da situação que me traíra?

Sim, devia ter algo a ver com isso. Mas também havia o medo físico. Todos, em algum momento da vida, já experimentaram os efeitos de um medo súbito, um susto forte – um quase-acidente que passou perto, uma queda inesperada, ou até mesmo algum ruído alto, súbito e estranho. Nessas horas o instinto animal assume o controle. A mente se esvazia, o corpo reage: os músculos enrijecem, o coração acelera, o estômago se contrai, os nervos tilintam. E quando o momento passa (se passar sem contato físico ou ferimento), há uma reação e o corpo fica amolecido. Esses são apenas os sinais físicos do medo, e não surpreende que o corpo tema ferimentos ou a morte. Não tenho como ter certeza – talvez eu jamais saiba ao certo até que a hora da morte se aproxime de novo –, mas suspeito de que grande parte do meu pânico diante do pelotão de fuzilamento na vala de areia em Norilsk tenha sido causado pelo instinto animal diante de um perigo físico súbito, totalmente inesperado.

Pois a ideia da morte em si não me aterroriza, nunca havia me aterrorizado durante toda a guerra, ou na prisão, ou nos campos de prisioneiros. A morte vem para todos os homens no fim de suas vidas terrenas, mas não é um mal por causa disso. Pois a Boa Nova do cristianismo diz que a morte não esconde terror algum, não tem mistério, não é algo que o homem deva temer. Não é o fim da vida, da alma, da pessoa. A morte de Cristo no Calvário não foi em si o ato central da salvação, mas a sua morte *e* ressurreição; foi a ressurreição que completou a sua vitória sobre o pecado e a morte, a herança do pecado original do homem que fez com que fosse necessário haver um Redentor e a redenção. Essa era a «boa nova» da salvação, criada para dissipar as últimas dúvidas e os medos da humanidade sobre a natureza da morte. Pois a ressurreição era um fato, um fato tão certo e seguro quanto a própria morte, e significava que a morte não obtivera a vitória final sobre o homem, que a vida além da morte é uma certeza e não apenas uma esperança ou fábula humana Foi esse o fato que fez novos homens dos seus outrora amedrontados discípulos, aquela era a «boa nova» que eles pregavam. Os pequenos sermões registrados nos Atos dos Apóstolos focam nesse tema: Deus ergueu Cristo dentre os mortos, Ele ressuscitou, e disso somos testemunhas.

Desde a queda de Adão, Deus prometera um Redentor. Desde o dia em que a morte entrou no mundo, Deus prometeu que enviaria alguém para conquistá-la. E a boa nova a ser pregada por todo o mundo é que o Redentor viera, a morte tinha sido conquistada! Essa é a alegria da Páscoa, essa é a paz que a Páscoa traz consigo. *Ó gente sem inteligência! Como sois tardos de coração para crerdes* (Lc 24, 25), dissera Ele para os dois discípulos a caminho de Emaús, *Porventura não era necessário que Cristo sofresse essas coisas e assim entrasse na sua glória?* (Lc 24, 26). A vitória do «ungido» de Deus, o Messias, deve ser obtida sobre o «reino» da morte e do pecado, mas como poderia Ele triunfar a menos que tivesse sofrido a própria morte e rompido os seus grilhões? A Páscoa foi a vitória, foi a «boa nova» que os apóstolos foram enviados para pregar até os confins da terra. A alegria da Páscoa é a alegria dessa boa nova. E a paz da Páscoa é a paz que vem de sabermos que aquilo que o homem mais temia – o fim da vida, a aniquilação, a morte – não é motivo de medo, afinal.

Isso não é uma fábula cristã; é um fato, e a prova é a ressurreição. *E se Cristo não ressuscitou*, disse São Paulo, *é vã a vossa fé* (1 Cor 15, 17). Não é possível ser cristão e duvidar disso. A vinda de Cristo para a terra, assumindo a carne humana, não tem sentido se Ele não tiver morrido e depois triunfado sobre a morte. Ele não foi apenas um líder religioso, um grande professor de ética e moral – Ele foi o Prometido, o Salvador, o Messias. Sua morte e ressurreição são os fatos centrais não só da cristandade, mas de toda a história humana. Os homens viviam esperando a sua vinda e a sua vitória sobre a morte, até que Ele veio finalmente; desde então, a «boa nova» da sua vitória sobre a morte foi proclamada por toda parte, sustentando em paz e alegria os que creram nela.

Talvez não tenha existido lugar algum do mundo onde esse contraste entre os que creem e os que não creem fosse mais pronunciado do que na União Soviética. A morte era quase um tabu no meio comunista. Numa ideologia de materialismo ateu, a morte é obviamente o fim de tudo para o homem. É uma tragédia especial para os jovens, apartados da vida logo quando começam a viver; é trágico para os que estão no meio do caminho, tendo atingido o ápice de suas energias; para os velhos, que viveram o que tinham de viver, a morte é um alívio, mas ainda é o fim da vida, e por isso ainda é trágica. Um homem pode sobreviver na memória dos seus entes queridos, a reputação de alguém famoso pode manter seu nome vivo por mais tempo, mas para o resto a morte significava não apenas o fim *desta* vida como de toda existência. Um comunista dedicado podia trabalhar para construir uma sociedade melhor para os seus herdeiros, para os que viriam depois dele, mas ele mesmo não poderia sobreviver. Os homens eram exortados a orgulhar-se do seu trabalho, para construir um amanhã melhor para toda a humanidade, mas aquela era a sua única esperança. Marx e Lênin estabeleceram o alicerce da doutrina: os comunistas de hoje deviam considerar um privilégio e uma honra serem os pioneiros de uma nova ordem social, de uma grandiosa maré revolucionária varrendo o mundo e instaurando o comunismo global. Assim, a vida requer um sacrifício pessoal completo para a grande causa da expansão do comunismo, e nenhum pensamento sobre a morte deveria atrapalhar esse propósito. Por conseguinte, estabeleceram-se medidas práticas na União Soviética para evitar qualquer menção à morte.

15. O MEDO DA MORTE

Quando a morte acontece, claro, afeta a família próxima, os parentes e os amigos. Se um funcionário do partido ou um trabalhador notável morresse, seria reconhecido e as suas realizações, celebradas num memorial. Um ou dois buquês de flores com citações ideológicas marcavam a sepultura como sinal de distinção e honra. Talvez uma banda acompanhasse o cortejo fúnebre e os colegas do partido prestassem as suas últimas condolências comparecendo ou discursando diante do túmulo. Mas o cidadão comum morria e era enterrado quase sem ser notado.

Os funerais geralmente ocorriam depois do trabalho, para que os que desejassem comparecer pudessem fazê-lo; o trabalho não podia ser interrompido para o funeral de ninguém. O caixão comum consistia apenas de umas tábuas toscas presas em formato de cocho e cobertas com uma gaze vermelha. Isso era tudo. O custo de um caixão desses não passa de cinco rublos. O caminhão usado para transportar o caixão até o cemitério era emprestado pela empresa onde o camarada trabalhava, e também só ficava disponível após o horário de trabalho – quando o plano quinquenal da fábrica não seria interrompido pelo uso de um caminhão para outra função, como um funeral. O fato de o caminhão ter passado o dia transportando brita, homens, areia e outros materiais importava bem pouco para o motorista ou as pessoas que o usariam depois do horário comercial como rabecão. Algumas vassouradas bastavam para limpar a sujeira da carroceria; com a rampa traseira baixa, o caminhão estava pronto para o funeral.

Nenhuma pompa acompanhava a procissão funeral. Um grupo pequeno formado pela família próxima, mais alguns poucos amigos, seguia silenciosa e tristemente o caminhão que se movia lentamente. As ruas laterais eram designadas para os funerais, que não podiam seguir por interseções movimentadas ou ruas principais para que os outros cidadãos não fossem desnecessariamente distraídos ou afetados pela visão de uma procissão funerária. Os oficiais diziam que, quanto menos pessoas vissem essas cenas tristes, melhor. Porque o comunismo enfatizava as alegrias da vida, o progresso do homem, e não a tristeza e o desespero. E, contudo, os passantes no caminho da triste marcha eram tocados pelo que viam. Muitos paravam e postavam-se com a cabeça descoberta para mostrar solidariedade para com o morto e a família enlutada. Outros chegavam a ajoelhar na calçada e faziam o sinal da cruz, permanecendo na mesma posição até a procissão passar, pois a ideia da morte toca a natureza humana de forma por demais íntima.

Sempre houve uma corrente de misticismo na Rússia acerca desse assunto, como as obras de Dostoievsky, Tolstói e outros grandes escritores russos evidenciam claramente. Mesmo entre os descrentes, essa corrente de misticismo permanece até os dias de hoje. Era bastante comum, especialmente nas cidadezinhas e aldeias, que os aniversários da morte dos entes queridos fossem estritamente observados. No dia do aniversário, a família e os amigos visitam o túmulo no cemitério e o decoram novamente com flores. Os cristãos também colocavam medalhas ou ícones abençoados sobre a sepultura, e tentavam, se possível, arranjar para que um padre abençoasse a sepultura novamente nesse dia. Mas depois a lei soviética proibiu que padres abençoassem sepulturas no cemitério, de forma que as pessoas passaram a pedir que o ofício dos mortos fosse cantado na igreja em memória do ente querido.

15. O MEDO DA MORTE

Em casa, os parentes e amigos eram convidados para um almoço preparado especialmente para a ocasião. Assavam-se salgados de vários tipos, recheados com carne, peixe, queijo ou vegetais como repolho, cenoura e cebola. Serviam-se também grandes panquecas com creme azedo, manteiga ou geleia, se houvesse. Ao fim da refeição, colocava-se uma grande tigela de arroz cozido com passas e mel no centro da mesa. Cada convidado se servia de uma colher do arroz com mel e mencionava o nome do falecido celebrado, relembrando as suas boas ações e expressando sua simpatia pela família. É um tipo de cerimônia religiosa que almeja relembrar a presença de quem se foi na companhia da família, amigos e parentes. Há lágrimas, o dia do enterro é vivido novamente com palavras e lembranças; é uma forma de manter a solidariedade dos vivos para com os mortos, prestando tributo da maneira mais completa possível aos que morreram.

A terça-feira após o domingo depois da Páscoa é um dia especial para a recordação dos mortos. As multidões aglomeravam-se nos cemitérios, levando comida e flores quase como se fosse um piquenique. As sepulturas eram limpas e decoradas, e a família se sentava para comer ao lado delas. Os passantes eram convidados para a refeição ou para um brinde. Além disso, nesse dia, os cristãos costumavam pedir ao padre que cantasse um ofício fúnebre especial chamado «Panikhida», ao lado da sepultura. Mais tarde, no final da minha estada em Norilsk, houve vezes em que passei o dia inteiro, do nascer do sol até tarde da noite, indo de sepultura em sepultura para cantar esse ofício para as famílias. Isso também era proibido, e de fato as organizações Komsomol e a Liga de Ateus Militantes[1] sempre apareciam na mídia pedindo que esses costumes fossem banidos, pois causariam desordem pública e bebedeira. Mas os costumes persistiam, e foi uma visão privilegiada constatar como, nesse dia, todos iam ao cemitério prestar homenagem aos mortos. Comunistas e não comunistas demonstravam respeito, não apenas pelos seus parentes falecidos, mas também pelos dos amigos e vizinhos, dividindo com eles lembranças e luto, encontrando nas expressões de amor terno e pungente algum consolo e vínculo humano.

Podíamos notar em tudo isso que aquelas pessoas simples, comunistas e não comunistas, desejavam preservar sua ligação com os que haviam partido, manter pelo menos suas lembranças vivas, agarrando-se à esperança, por menor que fosse, de que a morte não fosse o fim da existência humana. Era um instinto profundamente arraigado no caráter e na tradição dos russos, que nem todas as elucubrações eruditas dos especialistas na questão da morte que falavam no rádio e na televisão podiam abalar. As pessoas sentiam profundamente o que a vida significava para elas, e não podiam acreditar que a morte era o fim de tudo. Pelo menos a família tinha de lembrar-se.

Recordo-me, por exemplo, da querida *babushka* (avó) da família com quem vivi por seis anos em Abakan antes de meu retorno final aos Estados Unidos. Ela adorava conversar comigo porque eu a escutava. Já um tanto desmemoriada, repetia para mim todos os dias suas experiências

---

(1) Órgão criado pelo Partido Comunista da União Soviética em 1925 para fomentar o abandono da religião em todas as camadas sociais. Foi extinto em 1947, o que, contudo, não significou o fim da propaganda antirreligiosa soviética, que foi constante durante todo o regime. (N. do E.)

15. O MEDO DA MORTE

ao longo dos setenta e seis anos de vida. Frequentemente mencionava o seu falecido marido: como ela o tinha visitado na prisão, como ele sofreu com a doença, como ela fez tudo o que pôde por ele até o dia da sua morte. A sua maior tristeza era o marido ter morrido na prisão, longe de casa e da família. Ela considerava aquilo uma grande tragédia, não apenas para ele, mas também para a família. Com frequência, dizia-me o quanto ficava triste por mim, sozinho na União Soviética, sem família, e me dizia que rezava para que eu um dia retornasse aos Estados Unidos, para morrer em meu próprio país, com minha família e parentes por perto. Ela achava uma coisa terrível morrer num país estrangeiro, e que morrer sem alguém querido ao lado era a maior das tragédias.

O medo da morte, a realidade da morte, afeta todos os homens; mas a corrente de misticismo relacionado com a morte que é tão arraigada na literatura e nos costumes populares russos parece enfatizar ainda mais a pungência desse fenômeno universal. É a esses medos que a «boa nova» do cristianismo fala. Encontrei essa atitude especialmente nas pessoas simples, o bom povo, para quem o desejo ou a expectativa de uma vida além da morte não era uma fantasia ou ilusão, como diziam os propagandistas do comunismo. Era mais do que uma crença; era real, algo que nem todas as afirmações dos materialistas eruditos, as provas da ciência e as demonstrações em sala de aula podiam abalar. A morte para essas pessoas não era um fim, mas um começo, uma passagem para a vida eterna. Eles se alegravam com o fato de que um dia se reuniriam com seus entes queridos, e às vezes ansiavam para ver-se livres das tristezas dessa vida e estar em paz junto de Deus para sempre.

A salvação, diziam aquelas pessoas simples, não é medida em termos do quanto nos saímos bem naquilo que fazemos aqui na terra; depende apenas da nossa fé em Deus e do nosso abandono nEle. No fracasso ou no sucesso, na saúde ou na doença, na tristeza ou na alegria, o homem deve voltar-se para Deus, deve confiar em Deus, acreditando nEle cada vez mais a cada dia, amando-O mais a cada dia, em preparação para a vida futura com Ele. Havia algo de belo na simplicidade deles, algo a que nem todos os teólogos e livros de teologia podiam se equiparar em termos de abordagem da morte. O fato de descobrir isso na União Soviética espantou-me. E me ensinou bastante. E com a minha própria experiência, isso me fez pensar, e pensar profundamente, sobre o significado da morte para um cristão.

O que há para se temer na morte? Ela não significa nem mais nem menos do que o fim do nosso período de teste aqui na terra. É um retorno, uma volta ao lar, para o Deus e Pai que nos criou. Não é o fim da vida; o fato da ressurreição prova isso além de qualquer dúvida. Existe tristeza em nos separarmos da família e dos amigos, sem dúvida, a tristeza humana da qual não devemos nos envergonhar. No entanto, como diz São Paulo, nós cristãos não nos entristecemos como quem não tem esperança; nós acreditamos na ressurreição, como dizemos em nossa profissão de fé, o Credo, e na vida do mundo que há de vir. A morte não é uma tragédia na nossa crença, mas uma passagem ordenada dessa vida para a próxima.

A morte pode ser temida por aqueles que não acreditam, que não têm esperança. Pode ser temida por aqueles cuja fé em Cristo e na ressurreição é fraca, ou pelos que temem encontrar Deus frente a frente por causa do que fizeram ou de como viveram nesse período de teste que chamamos de vida terrena. Com razão, as pessoas também podem se preocupar com aqueles que ficam para trás; os cristãos sempre rezaram para serem poupados de uma «morte súbita e imprevista». Mas a morte em si não é algo que temamos. É uma volta ao lar, o retorno do filho pródigo, talvez, para os braços amorosos do Pai que dá as boas-vindas. Nós esperamos a morte, como todos os homens, mas esperamos com confiança e até alegria, sustentados por nossa fé em Cristo e em sua vitória sobre a morte.

Cristo ressuscitou, e nossa fé não é vã. A ressurreição é um fato, um fato da história humana conhecida e do que os teólogos chamam de «história da salvação». Assim, a morte para nós não é um inimigo, algo a ser temido, uma palavra em que preferimos não pensar ou cuja importância tentamos minimizar, como fazem os comunistas. Pensamos e falamos sobre a morte não como o fim de todas as coisas, mas como o fim do nosso período de provação. Podemos ficar na expectativa da morte diariamente, até com ansiedade, por causa da nossa fé. Podemos aprender a ansiar por ela, a preparar-nos para ela e recebê-la satisfeitos, com alegria e paz, quando finalmente formos chamados para o nosso lar, para receber a herança eterna. É nisso que acreditamos. Essencialmente é isso que significa ser cristão: é ser alguém que acredita em Cristo, o Redentor prometido, que obteve a vitória sobre o pecado e a morte.

16. Liberdade

Muitas vezes, durante os anos em que fiquei na prisão ou nos campos de trabalho da Sibéria, os oficiais e interrogadores me disseram que eu nunca mais teria liberdade na União Soviética. Diziam isso de maneira ora sarcástica, ora ameaçadora, ora factual. Quando me chamavam para interrogatórios no campo de prisioneiros, o que acontecia regularmente com todos os sacerdotes, era quase certo que em algum momento da conversa um oficial do campo me garantiria que eu jamais teria liberdade outra vez. Claro que sabiam e eu sabia que minha pena era de quinze anos, oficialmente, mas esse fato era ignorado quase como uma ficção legal. Além disso, aconteciam tantas violações técnicas e infrações menores das regras do campo que os oficiais sempre poderiam encontrar alguma desculpa para aumentar a pena se quisessem. Eles estavam no comando, a palavra deles era a lei e o prisioneiro não tinha recurso ao tribunal, nem esperança de apelar a uma autoridade maior nesse caso. Até meus colegas prisioneiros, em conversas casuais, sempre tomavam como certo que eu jamais veria o fim da minha pena nem o mundo do outro lado do arame farpado do campo. Sacudiam a cabeça, solidários, e davam de ombros, mas aceitavam como mais um fato no mundo de injustiça sistemática que tínhamos de suportar, algo lamentável, mas inquestionável. Depois de algum tempo, até eu comecei aceitar isso como um fato da vida.

Mas, certa manhã de primavera, no campo de prisioneiros de Kayerkan, fui chamado ao escritório do campo antes do trabalho, e me informaram que eu seria libertado em dez dias. Ao verificarem os meus registros, os oficiais do campo tinham descoberto que, de acordo com alguns novos regulamentos, eu tinha direito a ter três meses descontados da minha pena. Desse modo, servi apenas quatorze anos e nove meses da minha sentença de quinze anos.

Assim, nas noites seguintes após o trabalho, comecei uma rodada de exames médicos, e a cumprir todo o trabalho burocrático que precede a libertação de um prisioneiro. Na noite anterior à minha libertação, não consegui pregar o olho. Simplesmente não conseguia acreditar que após quinze anos eu realmente estaria livre. Perto das nove da manhã do dia seguinte, o capataz me chamou no alojamento e me levou até o escritório da KGB (a polícia da segurança interna), onde fiquei por duas horas assinando documentos e preenchendo formulários. Fiquei esperando alguma complicação ou outro interrogatório, mas os homens do plantão continuaram seu trabalho de forma rotineira, sem prestar mais atenção em mim do que o normal. Finalmente tudo estava em ordem, e um dos oficiais explicou meu novo status com riqueza de detalhes.

Quem deixa os campos de prisioneiros não fica totalmente livre. Em vez do passaporte carregado por todos os cidadãos soviéticos[1], os ex-prisioneiros ganham um documento chamado «certidão de liberdade», um certificado que confirma que você cumpriu sua sentença. Mesmo assim ainda há uma distinção a ser feita. Um prisioneiro pode estar totalmente liberado e reabilitado, ou apenas parcialmente, como era o meu caso. Como espião condenado, obtive um certificado restrito, ou *polozenie pasporta*. Com ele, havia restrições quanto a onde eu podia morar e trabalhar. Por exemplo, eu não podia morar em nenhuma «cidade do regime», como as cidades grandes de Leningrado, Moscou, Kiev, Vladvostok, Tashkent, nem em cidades de fronteira, pois havia a chance de eu tentar sair do país. Eu podia visitar esses locais por períodos de não mais de três dias, com a permissão expressa da polícia e do governo. E, com um *polozenie pasporta*, uma das primeiras coisas que eu precisava fazer em qualquer cidade que chegasse era informar a polícia e registrar minha presença.

Depois que os oficiais me explicaram tudo e verificaram os meus documentos pelo que pareceu ser a centésima vez, me disseram para ir diretamente até Norilsk quando saísse do campo e me apresentar à polícia. Disseram que a polícia me daria um conjunto completo de documentos de identidade para que eu pudesse me estabelecer na cidade como cidadão livre. Ao meio-dia de um dia de abril na Sibéria, todo o trabalho com a papelada e as explicações finalmente terminaram, e eu saí pelo portão do campo pela última vez. Automaticamente, depois de dar uns quinze passos, parei

---

(1) Na União Soviética, os cidadãos portavam um passaporte interno que servia, entre outras coisas, para identificá-los e registrar a região onde moravam. (N. do E.)

e esperei pelos guardas, como os prisioneiros faziam todas as manhãs no caminho para o trabalho. Os guardas me observavam e riram. Nove entre dez prisioneiros libertados cometiam o mesmo erro pela força do hábito.

Eu estava tão compenetrado da situação que nem sabia como caminhar como um homem livre. Meus braços, dependurados e não dobrados às minhas costas, pareciam esquisitos. Eu me virei para dar uma última longa olhada para o campo, quase como se eu tivesse de arrancar-me dali, e então enfiei as mãos nos bolsos e caminhei até a cidade de Kayerkan. Havia um trem na estação. Embarquei, e ninguém me impediu nem prestou a menor atenção em mim. Eu não conseguia acreditar. O condutor, uma mulher, pegou meu dinheiro da passagem. Fiquei esperando que ela me fizesse perguntas ou criasse alguma dificuldade. Ela apenas sorriu educadamente. Sentei-me no banco olhando pela janela, quase chorando – um homem livre, tratado como tal. Esperei que alguma coisa acontecesse, que alguém gritasse, que alguma coisa parasse o trem ou que alguém apontasse para mim. Mas nada aconteceu. O trem começou a se mover, e finalmente me vi livre.

Creio que talvez seja necessário perder a liberdade para realmente compreender como ela é um dom precioso. Certamente um dos maiores tormentos na prisão ou no campo de prisioneiros era o conhecimento e a lembrança do que significava a liberdade. O regime estrito das prisões e dos campos apenas piorava a sensação, pois ali tudo era fixado; não apenas éramos sujeitos ao confinamento atrás das grades ou do arame farpado, mas os menores detalhes de nossos dias eram permanentes e inflexíveis. O prisioneiro não tomava decisões por si só. Havia um tempo fixado para acordar e para dormir. Também havia tempos fixados para as parcas refeições, e se alguém perdesse uma delas por algum motivo, ficava com fome. Mas pior do que todas as restrições físicas era a terrível consciência, formada pela experiência amarga e constantemente reforçada pelos oficiais, de que o prisioneiro era uma pessoa sem direitos, que devia ser tratada como tal. De fato, ele se tornava uma coisa, e não um indivíduo com uma dignidade a ser respeitada, e costumava ser chamado pelos guardas simplesmente pelo seu número de prisioneiro.

Algumas pessoas ficavam completamente destruídas ao compreenderem isso. Alguns se refugiavam nas lembranças do passado, tentando ignorar as terríveis realidades do presente, e assim encontrar um escape da vida sombria dos campos. Alguns tinham surtos de depressão que iam se tornando mais intensos sob a pressão da vida no campo; alguns apenas desistiam até dos pensamentos esperançosos e da vontade de prosseguir. Poucos desses sobreviviam.

Apenas os que aceitavam a amarga perda da liberdade, desagradável como fosse, e se decidiam a seguir seus instintos de sobrevivência conseguiam por fim sair dos campos. Eles se uniam e forjavam amizades, quase como fraternidades, porque o instinto lhes dizia que um homem sozinho corria o risco de perder o jogo em longo prazo. Estar junto de outros, comunicando-se constantemente, lhes dava alguma segurança. Eles haviam perdido tudo, suas vidas estavam sempre expostas ao perigo da doença, da deformidade física, até da morte, mas não estavam sozinhos. Alguém nos alojamentos se importava – mesmo se não pudesse fazer muito para ajudar além de consolar. Mas mesmo esse pouco conseguia restaurar o senso de dignidade humana dos prisioneiros, o senso de valor enquanto pessoa. O outro por sua vez podia solidarizar-se com o fato de o amigo ter perdido a liberdade, com seu futuro incerto, podia partilhar da sua esperança de sobrevivência, das suas lembranças do passado, dos seus pensamentos sobre o futuro.

O corpo pode ser confinado, mas nada pode destruir as liberdades mais entranhadas no ser humano, a liberdade da alma, da mente e da vontade. Essas são as mais altas e mais nobres faculdades do homem, são o que faz do homem o que ele é, e não podem ser restringidas. Mesmo na prisão o homem retém seu livre-arbítrio, a sua liberdade de escolha. Mesmo na prisão o homem pode escolher praticar o bem ou o mal, lutar pela sobrevivência ou desesperar-se, servir a Deus e aos outros ou tornar-se insensível e egoísta. O livre-arbítrio permanece, e com ele a liberdade, pois ela é definida simplesmente como o estado de estar livre, sem que as suas escolhas ou ações sejam coagidas pela necessidade, pelo destino ou pelas circunstâncias.

Essa liberdade é absoluta e, no entanto, a liberdade em si não é um absoluto, como muitos hoje querem que acreditemos. Os jovens frequentemente anseiam por liberdade e independência como se ambas fossem valores absolutos. Falam de liberdade como um bem em si mesmo, como se ela existisse nalgum plano ideal intocada pelas obrigações e os deveres. Esse impulso de independência e liberdade é algo natural nos jovens, faz parte do processo de crescimento, de amadurecimento, de cortar o cordão umbilical e preparar-se para a vida adulta. Mas os pais falham em seu dever para com os filhos quando permitem que esse impulso cresça sem limites, quando não insistem para que seus filhos exerçam a liberdade no contexto dos deveres e obrigações em casa e na escola, com os pais e a família, amigos e autoridades. Pois o mundo adulto do qual a criança deseja tão ardentemente participar, pelo qual anseia impaciente, também é um mundo em que a liberdade é bastante modificada pelas circunstâncias, por obrigações e limitações concretas, e é apenas nesse mundo real da vida diária que a liberdade humana, tal como é, existe, e não em um plano ideal.

Nas sociedades democráticas, é mais comum haver mais abusos da liberdade do que restrições legais ao seu exercício. Às vezes isso se dá porque as leis ou os responsáveis pela sua aplicação são permissivos demais e não punem adequadamente aqueles que infringem os direitos dos outros. Por outro lado, nos estados totalitários, a liberdade sofre por ser pouco exercitada, uma vez que as leis são rígidas, as penas, severas, e as próprias autoridades limitam os direitos dos cidadãos. O fato é que as causas que limitam a liberdade do homem no mundo concreto e real são diversas, quer falemos de liberdade de expressão ou de consciência, ou de liberdade civil, social, religiosa ou pessoal. Não importa sob que aspectos consideremos a noção de liberdade, sempre encontraremos dificuldades nesta vida que não poderão ser resolvidas de forma a dar a cada pessoa toda a liberdade que ela deseja.

Fiquei no trem que seguia para Norilsk, exultante com a minha nova liberdade, mas ruminando essas questões. O que significava para mim – para qualquer outra pessoa – ser livre? Eu tinha saído dos campos de prisioneiros e estava livre da ordem rigorosa dos dias, livre para ordenar a própria vida, para tomar as decisões de cada dia sozinho. Nesse sentido eu estava livre, mas não estava livre de todas as restrições. Havia certas restrições impostas a mim devido a meu status de ex-prisioneiro; sempre haveria restrições especiais enquanto eu carregasse o *polozenie pasporta*. Mas essas restrições não eram muito diferentes das que cerceiam todas as pessoas em todas as sociedades: as regras e a obediência, leis e costumes, até as tradições «aceitas» da família, igreja, sociedade ou cultura. Nenhuma liberdade é absoluta.

No final, a única liberdade absoluta que temos está em nosso livre-arbítrio. E essa liberdade foi-nos dada pelo nosso Criador, essencialmente, para que pudéssemos escolher livremente amá-lO e servi-lO. Todas as outras criaturas O servem por necessidade; em seu próprio ser, por sua própria existência, dão testemunho do poder e do amor de Deus, ou refletem sua glória ou beleza de alguma forma. Apenas ao homem e aos anjos Ele deu o poder de escolher livremente amar e servi-lO. Ele nos fez um pouco menos que os anjos, deu-nos intelecto e livre-arbítrio – e essa é a marca definidora do homem, sua glória mais excelsa, dom mais precioso e responsabilidade mais aterradora. Apenas o homem pode escolher livremente *não* servir seu Criador.

É ao escolher servir a Deus, fazer a sua vontade, que o homem conquista a liberdade mais alta e mais completa. Pode parecer paradoxal dizer que nossa liberdade mais alta e completa vem quando seguimos nos menores detalhes a vontade de um outro, mas isso é verdade quando esse outro é Deus. Posso dar testemunho de minhas próprias experiências, especialmente das minhas horas mais sombrias em Lubianka, que a maior sensação de liberdade, de paz no íntimo da alma e de segurança constante, vem quando o homem abandona totalmente sua vontade para seguir a vontade de Deus. Jamais pude duvidar novamente de que

16. LIBERDADE

a maior segurança que eu podia ter na vida advinha de seguir voluntariamente, conscientemente, a vontade de Deus manifestada a mim. Eu sabia bem demais como era perigoso e fútil seguir a minha própria vontade, as minhas próprias inclinações e os meus próprios desejos, a menos que estivessem de acordo com Ele. Compreendi então, e passei a sentir mais profundamente a cada dia, que a liberdade verdadeira não era nada além de deixar Deus agir na minha alma sem interferência, de dar preferência à vontade de Deus manifestada por avisos, inspirações e outros meios que Ele escolhia para comunicar-se, em vez de agir por iniciativa própria.

Imagino que, para quem não acredita em Deus, tais pensamentos pareçam bobagem completa ou estupidez inexplicável. Mas para mim não havia dúvida: a liberdade mais completa que jamais conheci, a maior sensação de segurança, vinha do abandono da minha vontade para fazer apenas a vontade de Deus. O que eu havia de temer se fizesse a sua vontade? Certamente não a morte. Nem o fracasso, exceto o fracasso em cumprir a vontade dEle. *Se Deus é por nós, quem será contra nós?* (Rom 8, 31). Escolher seguir a vontade dEle e experimentar a liberdade espiritual que se seguiu a isso foi minha maior alegria, e uma fonte de tremenda força interior. Pois saber que Ele me guiava em todas as ações, que Ele me sustentava com a sua graça, dava-me uma paz e uma coragem indescritíveis. Mesmo nos momentos de desânimo humano, a consciência de que eu estava cumprindo a vontade de Deus em tudo que me acontecia dissipava toda dúvida e tristeza. Fossem quais fossem as provações do momento, as dificuldades e os sofrimentos, mais importante ainda era o conhecimento de que haviam sido enviados por Deus e serviam à sua Providência. Eu nem sempre conseguia perscrutar as profundezas dessa providência ou compreender a sua sabedoria, mas estava firme na certeza de que, ao me abandonar à vontade dEle, cumpria o mais perfeitamente que podia a sua vontade.

Eu sabia, por amarga experiencia própria, que uma liberdade espiritual desse tipo não podia ser obtida do dia para a noite nem conquistada completa e definitivamente. Cada novo dia, cada nova ação é uma nova oportunidade para exercitar e crescer nessa liberdade. Para crescer, é necessária uma atitude de aceitação, de abertura à vontade de Deus, ao invés de uma abordagem planejada e um método calculado. Mesmo práticas ascéticas como penitências, jejuns e mortificações podem mais atrapalhar do que ajudar se forem impostas por nós mesmos. A maneira mais certa de crescer em conformidade com a vontade de Deus é esforçar-se para eliminar a própria vontade e aceitar a vontade de Deus revelada nas circunstâncias da vida diária. Isso trará abundantes ocasiões para praticar virtudes, suportar sofrimentos, tolerar dores. Mais importante ainda, fará de nós instrumentos adequados para realizar os desígnios de Deus, não apenas para a nossa salvação, mas para a dos outros. O serviço de Deus deve ter preferência sobre todo o resto.

Assim, uma espiritualidade baseada na total confiança em Deus é a maneira mais segura de garantir paz na alma e liberdade de espírito. Dessa forma, a alma deve aprender a agir não por iniciativa própria, mas em resposta às exigências de Deus nas realidades concretas de cada dia. A alma deverá sempre e sobretudo voltar a sua atenção para a vontade de Deus revelada e manifestada nas pessoas, luga-

16. LIBERDADE

res e coisas que Ele dispõe diante de nós, e não nos meios necessários para cumpri-la. E em seguida, não importa o que esses meios exigirem – sofrimento, risco, solidão ou dificuldades físicas como fome ou doença –, a consciência de cumprir a vontade de Deus ao aceitar essas dificuldades torna o sacrifício mais fácil, e o fardo mais leve. Não há outro motivo para aceitar sacrifícios ou mortificações; de fato, buscá-los por qualquer outro motivo que não seja conformidade à vontade de Deus é sinal de alguma perversão espiritual. Mas aceitar o que vier pela frente como vontade de Deus, não importa o quanto custe espiritual, psicológica ou fisicamente, é o caminho mais rápido e garantido para uma liberdade de alma e de espírito que ultrapassa todo entendimento e toda explicação.

A viagem de trem de Kayerkan para Norilsk não demorou muito. Contudo, me fez pensar de novo naquela primeira e longa viagem de trem, de Lvov até a Rússia, quando eu tinha tanta certeza de estar cumprindo a vontade de Deus. Essa havia sido minha razão para ir à Rússia, mas eu ainda compreendia a vontade de Deus de forma bastante imperfeita. Quanto eu não havia aprendido desde então, quantas vezes eu não havia fracassado, quanta dor as lições não me haviam custado? E agora eu partia novamente, um homem livre afinal, para recomeçar aquilo que eu sonhara fazer havia tanto tempo: servir as pessoas da União Soviética como sacerdote o melhor que pudesse, ajudando-as a obter a salvação eterna, servindo e amando a Deus. Fisicamente, talvez não estivesse tão livre quanto desejaria. Precisava registrar-me na polícia assim que chegasse a Norilsk, e certamente seria colocado sob vigilância. Espiritualmente, porém, jamais havia me sentido tão livre como ali, ou mais firme na convicção de que Deus velava sempre por mim e me conduzia pelos caminhos marcados pela sua Providência.

17. O Reino de Deus

A primeira coisa que fiz ao chegar em Norilsk foi procurar o Pe. Viktor, um sacerdote ucraniano que estivera num dos campos comigo e fora libertado quatro meses antes. Sabia que ele também havia recebido um passaporte restrito e fora enviado para Norilsk. Depois de perguntar um pouco, encontrei-o numa espécie de favela nos arredores da cidade. Uma mixórdia de barracos, cabanas e puxadinhos (chamados *boloks*) que outrora abrigara um grande grupo de operários «voluntários» chineses na Sibéria, e ainda era chamado de «Xangai» pelas pessoas de Norilsk. As cabanas e os barracos eram feitos de tábuas velhas e caixotes, apoiados uns nos outros como uma fileira de dominós. As paredes geralmente eram duplas, feitas de todo tipo de restos de madeira descartada e preenchidas com cinzas, que serviam de isolante térmico. Alguns dos melhores barracos eram cobertos com manta asfáltica, argila ou gesso. Encontrei o Pe. Viktor vivendo num desses *boloks* com outro sacerdote, o Pe. Neron, que também havia sido prisioneiro no campo de mineração de Kayerkan, do qual eu saíra, mas que havia sido libertado antes de eu chegar lá.

No pequeno *bolok*, de talvez três por três metros quadrados, eles tinham duas camas separadas por um altar, pois aquele quartinho também funcionava como capela. Estavam tão apertados ali que tive de perguntar ao Pe. Viktor se ele não sabia de alguma família na vizinhança com que eu pudesse ficar. Mas ele e Neron nem quiseram saber disso. Ficaram extasiados por me ver e insistiram para que eu ficasse com eles. Prepararam um jantar para mim no pequeno fogão elétrico que servia para cozinhar e para aquecer o *bolok*. Então conversamos por horas. Naquela noite, enfileiramos três cadeiras no pequeno espaço entre as duas camas diante do altar, e dormi sobre elas, com o casaco e a calça estofada da prisão – as únicas roupas que eu tinha – como colchão, lençol e travesseiro. Assim que nos levantamos no dia seguinte, liberamos as camas e nos preparamos para celebrar a Missa.

Às seis e meia, havia dez ou doze pessoas naquela salinha para a Missa. Aos domingos, as pessoas se apinhavam não apenas ali, mas no corredor além da porta aberta também. Para acomodar a multidão crescente, Viktor e Neron celebravam duas Missas todo domingo e pregavam um sermão em cada uma, e às vezes havia sessenta ou mais pessoas em cada Missa. Pois aquele *bolok* depauperado era de fato a igreja daquela «paróquia». Na maior parte das noites também havia uma congregação: para confissões, batismos, casamentos ou Panikhidas, o belo ofício memorial russo cantado para os finados.

De fato, a multidão era tamanha que logo comecei a levar uma valise cheia de itens para a Missa, entregue a mim por Viktor todas as manhãs de domingo, até outra parte da cidade – um antigo campo de prisioneiros, na ver-

17. O REINO DE DEUS 231

dade – para celebrar a Missa em outra «paróquia» de poloneses num dos antigos alojamentos do campo, agora usado para abrigar a população. Antes da Missa, eu ouvia as confissões; então, depois da Missa, celebrava os batismos e casamentos – em número cada vez maior, pois o povo soube que eu estaria disponível todos os domingos.

Havia registrado-me na polícia, como me instruíram, e arranjei um emprego para finalmente conseguir um pequeno *bolok* só meu. Ali também passei a celebrar a Missa todos os dias para um número crescente de pessoas, mas também continuei a celebrar a Missa para minha «paróquia» polonesa no antigo alojamento.

Eu vivia sob a constante vigilância da polícia, claro, assim como os paroquianos. De vez em quando, chamavam-me para um interrogatório e me advertiam por «agitar» o povo. Eu sabia que alguns dos paroquianos também eram interrogados pela polícia ou assediados pelos oficiais dos sindicatos ou supervisores do trabalho por praticarem a sua religião tão abertamente. Mas fiquei atônito, e consolado, pela constância da fé deles, pela sua coragem diante daquelas perseguições mesquinhas, e assim, determinei-me a continuar ajudando-os enquanto pudesse. Mesmo que isso significasse ser preso novamente, ser enviado de volta para a prisão ou os campos, estava disposto a correr esse risco para continuar a servir como sacerdote aqueles cristãos corajosos.

Francamente, não eram poucos os momentos em que eu me maravilhava pelo modo como aquelas pessoas haviam se agarrado à fé naquele país oficialmente ateu. Ensinava-se e pregava-se o ateísmo por toda parte, nos jornais, no rádio e na televisão, nas escolas, e em livros e periódicos de todo tipo. A constituição soviética, claro, garantia a todo cidadão o direito de praticar religião, mas proibia qualquer pregação ou ensino formal do assunto. De fato, a lei foi interpretada de forma a impedir que menores de dezoito anos frequentassem a igreja, mesmo na companhia dos pais, e os sacerdotes eram proibidos de dar instrução religiosa aos jovens. O mesmo artigo da constituição que garantia a liberdade de praticar a religião, mas não de pregá-la, também garantia a liberdade da propaganda ateia. E o estado exercia esse direito ao máximo, de toda forma concebível. Todos, da criança mais nova ao avô mais velho, estavam constantemente expostos e sujeitos à influência dessa propaganda. O efeito de tudo isso na outrora Santa Rússia foi a mudança de toda a vida social do país, do modo de pensar e do comportamento do cidadão médio. Mas ainda assim a fé de milhões de crentes não se abalou.

Assim como o ateísmo, a Igreja Ortodoxa e outras vertentes religiosas também exerciam a sua influência por todo o país, apesar da oposição ferrenha e das grandes dificuldades que encontravam. Havia poucas igrejas, e elas ficavam distantes umas das outras. Não se podiam vender ou publicar a Bíblia ou qualquer outra literatura religiosa. Não havia periódicos da igreja ou jornais religiosos disponíveis para o povo. Contudo, alguns mosteiros ortodoxos ainda dispunham de pequenos ícones, rosários, velas e santinhos com orações curtas impressas no verso, e as pessoas guardavam e prezavam esses itens. As igrejas realizavam celebrações na noite de sábado ou domingo. Para celebrar em outros dias, por ocasião das grandes festas, o sacerdote dependia da colaboração de um comitê que arranja todos os serviços e administra os assuntos da igreja.

Esses comités de igreja respondiam diretamente ao governo. O trabalho deles era supervisionar tudo, até os sermões – que deviam restringir-se a assuntos estritamente religiosos, ser curtos e cuidadosamente selecionados para evitar quaisquer alusões a política ou críticas ao governo, partido ou sistema. A Igreja Ortodoxa, ainda a religião «oficial» da Rússia, recebia pequenos subsídios do governo para a manutenção dos prédios históricos, e o sacerdote recebia um pequeno salário, pago pelo comité da igreja. Certamente era paradoxal que o governo ateu da União Soviética tivesse um Ministério de Cultos (Assuntos Religiosos) que até fornecia fundos para os negócios da Igreja; mas esse mesmo órgão também controlava rigidamente as igrejas e todas as suas questões. Assim, a Igreja Ortodoxa organizada e a sua hierarquia pouco podiam fazer para compensar a forte influência do governo, que agia continuamente contra a pureza da sua estrutura espiritual.

As pessoas sabiam de tudo isso. Às vezes murmuravam sobre o fato de clero e bispos não reagirem à interferência do governo nos assuntos das igrejas. Mas poucos podiam fazer alguma coisa. E se chegaram a agir, nada jamais foi divulgado publicamente sobre esses protestos ou denúncias contra o governo. Esse silêncio das autoridades da Igreja Ortodoxa às vezes gerava boatos entre o povo. De vez em quando, alguém condenava irado os seus líderes, chamando-os de prostitutas ou agentes comunistas. Mas de modo geral todos compreendiam que a hierarquia e demais autoridades não tinham como escapar das pressões do regime, e a estima do povo pela Igreja Ortodoxa e seu clero permaneceu alta.

Todos também compreendiam que haveria retaliações

caso a Igreja Ortodoxa tentasse opor-se ou desobedecer ao Ministério de Cultos. Era fácil para o governo. O partido podia, por exemplo, orquestrar um abaixo-assinado com certo número de assinaturas e requisitar que tal igreja fosse fechada por motivos de ordem pública, segurança, ou coisa assim. Ou talvez o governo de uma cidade apresentasse um novo e repentino projeto de construção e determinada igreja fosse um dos prédios marcados para a demolição. Naturalmente, o governo sempre aprovaria o abaixo-assinado ou o novo projeto de construção. Mas apesar dessas pressões, apesar da interferência e do controle do governo, apesar da propaganda e do constante assédio mesquinho que acontece no escritório, na fábrica ou na escola, a Igreja Ortodoxa continuava a exercer forte influência no país.

As igrejas que ainda se mantinham de pé ou abertas geralmente ficavam lotadas, e não apenas com um contingente cada vez mais rarefeito de idosos, como se gabavam os Komsomols e a Liga dos Ateus Militantes, mas de jovens também. Alguns iam à igreja exatamente porque não deviam, e como os jovens de toda parte queriam demonstrar independência. Outros vinham no começo por curiosidade; outros, por um vago desejo de redescobrir um vínculo étnico ou cultural com as antigas tradições. Muitos buscavam algo que eles mesmos não compreendiam totalmente ou que não conseguiam expressar claramente. Sabiam, por causa dos pais e avós, como eram as coisas nos «velhos tempos», e se perguntavam se estariam perdendo alguma coisa, ou se poderiam encontrar um pouco da paz e da segurança que a «velha guarda» parecia encontrar em Deus. E assim, apareciam. E assim, a fé na providência de Deus continuava forte e crescia; os batismos continuavam, e até os filhos de alguns membros do Partido Comunista eram batizados em segredo.

Há bem poucas igrejas católicas na Rússia, exceto pelas que ficam nos territórios ocupados pela União Soviética na Segunda Guerra Mundial II. A maioria dos católicos na Rússia eram na verdade os remanescentes dos grupos de «voluntários» que vieram para a União Soviética durante a guerra para trabalhar, como eu, nas madeireiras e fábricas, ou prisioneiros que não puderam retornar à terra natal. As «paróquias» onde trabalhei em Norilsk são um bom exemplo; havia núcleos similares de poloneses, alemães ou lituanos espalhados em muitas das cidades e aldeias menores, e bem poucos nas cidades grandes. Mostravam-se exultantes por poderem contar com um sacerdote, e os sacrifícios que faziam, as distâncias que viajavam para assistir à Missa e receber os sacramentos, eram uma fonte contínua de fascínio, espanto e consolo para mim. Do contrário, teriam de assistir às cerimônias nas igrejas ortodoxas.

A maioria dos sacerdotes ortodoxos não permitia que outros cristãos recebessem os sacramentos do Batismo, da Sagrada Eucaristia ou da Penitência[1]. Nisso, mostravam-se severos e inflexíveis. Alguns dos sacerdotes católicos de rito bizantino eram bem mais abertos aos fiéis ortodoxos. Ouvíamos suas confissões e batizávamos seus filhos, abençoávamos suas casas, visitávamos seus doentes, enterráva-

---

(1) A Igreja Católica permite que, em circunstâncias excepcionais como as descritas aqui, os seus fiéis recorram aos sacramentos em igrejas não católicas. Nessas mesmas circunstâncias, os sacerdotes católicos também têm autorização para ministrar os sacramentos a cristãos de outras denominações. Em ambos os casos, porém, é necessário que a fé dos não católicos sobre esses sacramentos seja a mesma que a ensinada pela Igreja Católica, o que é o caso dos cristãos ortodoxos (N. do E.)

mos seus mortos. Os sacerdotes, no entanto, eram poucos. Os fiéis ortodoxos e católicos alimentavam entre si muito daquele espírito que, depois do Vaticano II, passou a ser conhecido como ecumenismo; oficialmente, porém, as igrejas ainda se atinham à interpretação estrita das leis estabelecidas há muito tempo, cuja função era impedir que o fiel caísse no erro. Essas leis que proibiam a intercomunhão com outras denominações cristãs. Tais leis pareciam ter pouca relevância nas situações em que nos encontrávamos na Sibéria, e os fiéis leigos eram os primeiros a sentir isso. Eles queriam adorar a Deus, praticar a sua religião, e as igrejas adoravam e louvavam o mesmo Deus Uno e Trino, ofereciam o mesmo Cristo em sacrifício na Missa. Os leigos simpatizavam uns com os outros, apoiavam-se, ajudavam-se, diziam uns aos outros onde assistir à Missa ou encontrar um sacerdote. Foram os primeiros a seguir a inspiração do Espírito e derrubar as barreiras. Os sacerdotes foram atrás, relutantes.

Havia outras denominações cristãs na Sibéria, bem como em toda a União Soviética, e algumas floresciam. Não construíam igrejas para o culto; seus lares, onde seus fiéis se reuniam aos domingos ou em outras datas, serviam-lhes muito bem. Também não mantinham registros de suas atividades, mas sempre que se reuniam para orar e ler a Escritura viam-se de alguma forma mais próximos uns dos outros, e sentiam a inspiração de procurar mais gente para o grupo. A informalidade do culto, a convicção e a espontaneidade das orações, os deixavam conscientes da presença de Deus no meio deles, na comunidade de fiéis reunidos. Eram fortes na fé, não tinham medo de praticá-la ou de falar abertamente sobre ela, de-

17. O REINO DE DEUS 237

monstravam bem menos medo da perseguição do que os outros cristãos e a repressão oficial não os aterrorizava. Eram a pedra no sapato da polícia secreta e do Ministério de Cultos, pois se recusavam a ser intimidados – e não tinham igrejas que confiscar. Infelizmente, usavam da mesma intransigência nas relações com outros cristãos; criticavam abertamente as igrejas estabelecidas, especialmente a Igreja Ortodoxa e a Igreja Católica. Estavam convencidos de que somente eles praticavam a pureza da mensagem do Evangelho e viam os outros cristãos como pecadores que precisavam de conversão, os padres como agentes do diabo ou da Meretriz da Babilônia que conduzia o povo à perdição, e diziam isso ríspida e abertamente. Algumas de minhas experiências mais desagradáveis nos campos foi com pessoas desse tipo, mesmo que nem quisessem saber de mim, por eu ser sacerdote.

Ainda assim, eu admirava aquelas pessoas e a firmeza da sua fé diante da propaganda e da perseguição constantes que nos cercavam. Muitas vezes maravilha-me perante os caminhos da Providência divina e o trabalho misterioso da graça para preservar a fé na Rússia, apesar de toda a força e poder de um sistema ateu determinado a extinguir a religião, e a despeito até de todas as falhas humanas das próprias igrejas. Nesses momentos ficava clara para mim a futilidade das tentativas dos homens e governos de destruir o reino de Deus. É possível fechar igrejas, prender o clero, e mesmo colocar os homens e as igrejas para lutar entre si, mas não é possível arrancar do chão a boa semente que existe em meio ao joio (cf. Mt 13, 25), a boa semente que é o reino de Deus. A semente permanecerá, como a semente de mostarda, como o fermento na massa. A fé desses cristãos corajosos na Sibéria, assim como no resto da Rússia, era um farto testemunho disso.

Cristo é de fato rei, com Ele disse a Pilatos, mas o seu reino não é deste mundo. Não é um reino em oposição ao governo soviético ou a qualquer outro governo; não é um reino baseado em território ou prédios ou estruturas. É um reino de justiça, amor e paz – como a Igreja canta no prefácio da Missa de Cristo Rei – um reino de verdade e vida, um reino de santidade e graça que existe nos corações dos homens e funda-se na sua fé nas palavras de Cristo. *Vim trazer não a paz, mas a espada* (Mt 10, 34): São palavras de Cristo registradas por São Mateus. Contudo, a revolução que Ele pregava não era contra os poderes deste mundo, mas uma revolução nos corações dos homens. *Arrependei-vos*, disse ele. *Fazei penitência, pois o reino dos Céus está próximo* (Mt 4, 17).

Deus na sua Providência não deixa os homens em paz até que se convertam por meio de uma crise que, cedo ou tarde, se dá em todo coração. A graça de Deus exige a transformação total do homem, pois o homem pertence a Deus. Apenas na fé, apenas com uma mudança no coração, o homem pode entrar no reino de Deus. Mais cedo ou mais tarde o homem deve aprender que este mundo cambiante e instável não pode ser a fonte da sua segurança, da verdadeira paz interior. *Buscai em primeiro lugar o Reino de Deus e a sua justiça*, disse o Senhor, *e todas estas coisas vos serão dadas em acréscimo* (Mt 6, 33). Essa é a fonte suprema da nossa segurança e da nossa paz – a Providência de Deus –, mas devemos aprender a aceitá-la na fé, a buscar sua vontade em todas as coisas e segui-la, a colocar a nossa confiança e a nossa fé completamente em Deus. Quando tivermos feito isso, precisaremos viver esse espírito em tudo o que fazemos, dizemos e pensamos. E vivendo assim, tudo o que fizermos aqui na terra ajudará a expandir o reino de Deus.

A nossa principal responsabilidade, o objetivo primário de todos os nossos esforços, deve ser a nossa transformação, a transformação do nosso coração e da nossa vida. Se conseguirmos isso, promoveremos a expansão do reino de Deus, pois, ao fazer isso, estaremos ao mesmo tempo nos dispondo a ajudar os outros e a contribuir ainda mais para a expansão do Reino. O que isso significa no plano concreto é que cada um de nós deve cumprir fielmente os deveres da vida diária. As circunstâncias e as pessoas que Deus coloca no nosso caminho todos os dias por meio da sua Providência nos oferecem a oportunidade de realizar várias ações que provam a nossa dedicação ao reino. Quer estejamos casados e cuidando do lar e da família, ou na escola, ou trabalhando num escritório, fábrica ou fazenda, quer sejamos sacerdotes ou religiosos: tudo isso importa bem pouco. Em tudo o que fazemos, devemos sempre buscar o reino de Deus. Isto é, todas as nossas ações, todos os dias, devem ser aceitas das mãos de Deus e reordenadas para Ele, devem ser feitas de modo a cumprir a vontade dEle, pois apenas assim o reino de Deus vai expandir-se sobre a terra.

Experimentamos todo dia como é difícil realizar o reino de Deus na nossa vida e cumprir a vontade dEle em todos os momentos. Ninguém que tenha tentado seriamente viver cada dia dessa maneira poderá dizer que é uma tarefa fácil. Só conseguimos com a ajuda da graça de Deus. Essa graça nos é dada sempre, mas devemos aprender a reconhecê-la nas pessoas e circunstâncias a que Deus nos apresenta em sua Providência, nas ideias e inspirações que fisgam a nossa mente e o nosso coração. Sabemos que nem sempre correspondemos à graça de Deus, pois a graça sempre exige sacrifício, renúncia da vontade própria, esforço e um espírito de dedicação incansável – e a prática dessas virtudes não é fácil para os jovens, ou os adultos cansados, ou os velhos. Mas é disso que se trata o reino de Deus.

Quando percebemos quão pouca é a graça que aceitamos e aplicamos à nossa vida, podemos fazer uma ideia de quanta graça é rejeitada por aqueles ao nosso redor. E assim podemos compreender também por que ainda existe tanto mal, pecado, violência, guerra, ódio, imoralidade, perseguição da religião e até negação do próprio Deus no mundo de hoje. Essas coisas acontecem sempre que o homem se recusa a aceitar a graça de Deus e a fazer sua vontade. O reino de Deus, trazido de volta para os homens pela Encarnação de Cristo – que veio para estabelecer o exemplo mais perfeito de homem, totalmente dedicado em todas as coisas e a todo momento à vontade do Pai – não pode ser nem será estabelecido até que todos os homens vivam cada dia de suas vidas de acordo com esse exemplo.

O Reino de Deus já está no meio de vós (Lc 17, 21), Ele nos disse. Quão óbvias e, no entanto, quão profundas me pareceram essas palavras ali em Norilsk. A igreja visível, um reflexo do reino de Deus aqui na terra, era quase inexistente nas vastidões da Sibéria. Assim como eu, os cristãos ali tinham de tentar servir a Deus cercados de todos os lados por uma atmosfera de descrença e secularismo, uma atmosfera de propaganda ateia quase sufocante. Mas o meu grande consolo era a fé evidente dos corajosos cristãos a quem eu servia, um testemunho vivo do poder da graça de Deus e da existência do seu Reino naquela terra desolada. A fé

17. O REINO DE DEUS

e a coragem daquelas pessoas me inspiravam diariamente a oferecer todas as minhas ações, obras e sofrimentos à tarefa de expandir o reino de Deus na terra. O que era eu se comparado com os milhões de ateus da União Soviética? O que era eu se comparado com o poder e a força do governo soviético? E o que cada um de nós era diante do sistema que nos cercava, com todos os seus órgãos de propaganda e poder de perseguir? Mas, pela providência de Deus, ali estávamos nós. Aquele era o lugar que Ele escolhera para nós, a situação e as circunstâncias em que Ele nos colocara. Havia uma coisa que podíamos fazer, e diariamente: podíamos procurar primeiro o reino de Deus e a sua justiça – primeiro na nossa vida e depois na vida daqueles ao redor. Desde a época dos Apóstolos – doze homens simples, sozinhos e temerosos, que receberam o grande mandato de ir pelo mundo inteiro pregando as boas novas do reino –, nunca houve outra maneira de expandir o Reino que não fossem as ações e a vida de cada cristão que esforça todos os dias para cumprir a vontade de Deus.

18. Humildade

Uma cerimônia de Páscoa sempre será o ponto alto das minhas lembranças de Norilsk; infelizmente, também foi a causa da minha partida. Na Quaresma, tivemos uma das semanas mais atarefadas da minha vida de sacerdote. O Pe. Viktor e o Pe. Neron haviam saído de Norilsk e eu estava sozinho, mas a nossa congregação estava maior do que nunca. Durante toda a Quaresma passei o tempo livre ouvindo confissões e batizando; no Domingo de Ramos celebrei três missas e preguei em cada uma delas, dizendo às pessoas que teríamos todas as celebrações da Semana Santa. Depois das Missas do Domingo de Ramos, as pessoas se juntaram para fazer os arranjos da tradicional bênção da comida de Páscoa. Estando eu sozinho, e tendo muito para fazer, formei um comitê de homens para organizar essa bênção das cestas de Páscoa. Esboçamos um mapa de Norilsk num caderno de notas especial, escolhemos certos pontos para a assembleia e definimos horários específicos para que todos que não conseguissem comparecer ao meu pequeno *bolok* pudessem ir até esses pontos para ter a comida abençoada. Quando todos os arranjos estavam mais ou menos finalizados, percebi que teria de começar às 17h da sexta-feira e trabalhar sem parar para poder terminar as bênçãos a tempo para a Missa da Páscoa.

Ao longo da sexta-feira, ouvi um número tremendo de confissões de Páscoa, como acontecera todas as noites naquela semana após o trabalho. Na noite de sexta, depois do Ofício da Sexta-Feira da Paixão, parti para começar a minha jornada pela cidade. Em todos os locais aonde eu ia havia pessoas à espera – mesmo no meio da madrugada ou nas longas horas frias do amanhecer. Retornei ao meu *bolok* na manhã de sábado a tempo da liturgia das seis da manhã. O lugar estava lotado, e muitos dos presentes tinham passado a noite ali para garantir um lugar diante do altar naquela longa Vigília de Páscoa. Muitos também permaneceram na capela depois das cerimônias de sábado até chegar a hora da Missa de meia-noite, sem nada para comer o dia inteiro, para poder ficar perto do altar. Depois disso, parti pela cidade novamente, retornando ao meu *bolok* de tempos em tempos para abençoar as cestas de comida que abarrotavam a minha salinha de parede a parede, um novo lote a cada vez. Pelas 11h30 de sábado, retornei para casa, mas tive grande dificuldade de me aproximar do *bolok*. Até os corredores e o vestíbulo estavam lotados; as multidões enxameavam lá fora no frio da meia-noite. Mal havia espaço para mover-se, mas à meia-noite em ponto eu estava paramentado – eu não podia erguer os braços por causa da multidão, e por isso tiveram de enfiar as vestes por cima da minha cabeça – e pronto para a Missa. O altar estava coberto de flores e velas; tínhamos até um coro. Quando comecei a solene entonação da Missa de Páscoa, pareceu

18. HUMILDADE

haver uma explosão sonora na capela. A Missa de Páscoa já é uma ocasião feliz, mas jamais esquecerei o entusiasmo das pessoas naquela noite. Embora estivesse cansado depois de mais de quarenta e oito horas sem dormir, correndo de um lado para outro, me senti subitamente extasiado e como que carregado pela emoção. Esqueci de tudo que não fosse a Missa e a alegria da Páscoa.

A multidão era tamanha que era impossível distribuir a Comunhão, pois ninguém conseguia se mover. A Comunhão teve de ser distribuída depois da Missa. A celebração terminou às três da manhã, mas às nove eu ainda estava distribuindo a Comunhão para um fluxo constante de pessoas. Eu podia ouvir a multidão lá fora, voltando para casa no alvorecer de Páscoa, gritando a tradicional saudação da Páscoa, *Khristos voskres!* («Cristo ressuscitou!») e a resposta alegre *Voistinu voskres!* («Ressuscitou verdadeiramente!»). Depois que tudo acabou, retornei para a minha sala sozinho e me sentei à mesinha do meu *bolok*, completamente exausto. Mas profundamente satisfeito; naquele dia conheci uma alegria que raras vezes experimentei. Senti que, finalmente, na boa providência de Deus, eu finalmente começava a viver meu sonho de servir o seu rebanho na Rússia. E um pensamento retornava à minha mente: «E tudo isso aconteceu na Rússia, em Norilsk!».

Contudo, uma semana depois fui convocado do trabalho para o escritório da KGB. O agente encarregado não perdeu tempo. Ele me recebeu abruptamente com a declaração: «Wladimir Martinovich, seu trabalho missionário não é necessário aqui em Norilsk. Você entende?». Ele me disse rispidamente para pegar uma passagem no próximo voo para Krasnojarsk e para me apresentar à KGB lá. «Se tentar retornar para cá, você será preso e enviado para a prisão. Eu sou o encarregado aqui, e isso é uma ordem». Apenas olhei para ele sem dizer nada. Depois de uma longa pausa, ele disse, friamente: «Pode ir». Mas quando me virei para sair, ele acrescentou: «Quando você pegar sua passagem, eu mesmo irei escoltar você até o aeroporto».

O voo de Norilsk até Krasnojarsk é longo, quase quatro horas. Eu nunca tinha andado de avião, e estava tenso e assustado quando o avião decolou. Afundei-me com força no encosto e fechei os olhos, tentando não mover um músculo; pude ouvir o martelar dos motores na minha cabeça até os ouvidos estalarem, mas estava ainda mais ciente de uma indisposição na boca do estômago. Quando me acostumei com a sensação, fiquei sentado pensando nas pessoas que eu estava deixando para trás, entristecido pela ideia de que já não poderia mais fazer nada por elas além de encomendá-las a Deus. Tentei com toda força resistir à tentação da ira que queimava em mim desde minha visita à sede da KGB, e ainda me sentia humilhado pelo modo como eles me mandavam de um lado para o outro muito embora eu fosse considerado um homem livre. Consolei-me, como sempre, com o pensamento de que Deus sabia o que estava fazendo. Fiquei repetindo: «Seja feita a vossa vontade», mas aquilo era duro de entender.

Depois de um tempo, enquanto eu rezava, ocorreu-me que cumprir a vontade do Pai nem sempre é uma tarefa fácil — as palavras do nosso Senhor que eu vinha repetindo para mim mesmo haviam sido proferidas na agonia do jardim. Eram a oração do próprio Cristo, um pouco antes das suas maiores provações e humilhações. Frequentemente as citamos como exemplo de obediência, mas são de fato a mais perfeita ilustração da virtude da humildade. Pois a humildade, no final, se baseia no simples reconhecimento de uma verdade fundamental: a verdadeira relação entre Deus e o homem. «A humildade é a verdade» é um adágio espiritual que resume bem a questão, pois a humildade não é nada mais, nada menos que conhecer o nosso lugar diante de Deus. Toda a vida de Cristo, do nascimento à morte, foi um perfeito ato de humildade fruto da sua total submissão à vontade do Pai, e chegou ao ápice na cruz, onde Ele morreu humilhado e privado de tudo. *Recebei minha doutrina*, disse Ele aos discípulos, *porque eu sou manso e humilde de coração* (Mt 11, 29). Mas mesmo depois de muita experiência na vida espiritual, a maioria de nós não se torna humilde ao ser humilhada. Precisamos nos lembrar constantemente do humilde Cristo, o Cristo que sempre cumpriu a vontade do Pai, para que possamos aprender.

É natural se ressentir da humilhação. Evitamos experiências humilhantes porque são uma afronta à nossa dignidade pessoal – que é outro modo de dizer que elas ferem o nosso orgulho. Essa é a chave do problema, e é nesse momento que precisamos nos lembrar de quem somos realmente, e de quem Deus é. Se não enxergamos nada na experiência além da dor e do sofrimento, é porque, pelo menos por um momento, perdemos de vista a vontade de Deus e a sua providência. Pois as humilhações surgem das circunstâncias, situações e pessoas que Deus põe no nosso caminho todos os dias – e tudo isso são manifestações da sua providência. Assim, devemos aprender a discernir nessas coisas, até mesmo nas humilhações, ocasiões para uma conformidade mais profunda à vontade de Deus. Cristo teve de sofrer oposição e contradição e, sim, humilhação, ao fazer a vontade do Pai; mas Ele se dispôs a esquecer completamente o seu ego e a glorificar o Pai por suas ações. Para imitarmos Cristo na nossa vida, devemos aprender a fazer o mesmo.

Devemos retornar constantemente à verdade do catecismo que aprendemos quando crianças: que Deus nos fez para amá-lO, reverenciá-lO e servi-lO nesta vida, para que vivamos felizes com Ele na próxima. Não seremos salvos ao fazer nossa própria vontade, mas a vontade do Pai. Conseguimos isso ao não interpretar essa vontade ou reduzi-la de forma que signifique o que queremos que ela signifique, mas aceitando-a integralmente, como manifestada para nós nas situações, circunstâncias e pessoas que a Providência põe no nosso caminho. É muito simples, mas muito difícil. Cada dia, e cada minuto de cada dia, nos é dado por Deus com essa intenção. Da nossa parte, podemos aceitar e oferecer de volta a Deus cada oração, obra e sofrimento do dia, não importa o quão insignificante ou sem graça nos pareçam. E, no entanto, é precisamente porque as nossas circunstâncias diárias frequentemente parecem ser insignificantes e sem graça que nós fracassamos nesse quesito. A aparente pequenez da nossa vida diária e a constância cotidiana das coisas fazem com que a nossa atenção e as nossas boas intenções se afastem da compreensão de que essas coisas também são sinais da vontade de Deus. Mas entre Deus e a alma não existem momentos insignificantes; esse é o mistério da Divina Providência.

Vemos exemplos disso nas vidas ao nosso redor todos os dias. Jovens planejando casar-se, escolhendo uma profissão, ou respondendo à vocação do sacerdócio ou da vida religiosa, sentem um entusiasmo e uma alegria interior que jamais conheceram antes. Então, à medida que os anos se passam, as dificuldades aumentam, e há uma constante necessidade de mais sacrifícios e uma renovação do espírito da promessa ou do juramento inicial. E é aí que o teste de nossa humildade – a compreensão de qual é o nosso lugar diante de Deus – realmente começa. É aí que as dificuldades da vocação do homem começam a ser um fardo. *Meu jugo é suave e meu peso é leve* (Mt 11, 30), disse Cristo, mas os fardos da vida, os sacrifícios e momentos de abnegação, as humilhações, só podem ser leves se enxergarmos neles a vontade expressa de Deus. Pode haver algo que console mais do que olhar um fardo ou uma humilhação não pelo que ele parece aos nossos olhos, mas como a vontade de Deus nos confiada no momento? Visto assim, não importa o quão pesado ou difícil seja o fardo ou a dificuldade; poderei carregá-lo com uma disposição de espírito que o tornará leve, pois a compreensão de que aquilo vem de Deus e é a sua vontade carrega consigo uma sensação de entusiasmo, de realização e importância que traz alegria e consolo ao coração.

Mas infelizmente os que perderam o verdadeiro sentido da humildade – a constante compreensão da relação entre cada indivíduo e Deus – também perderam a habilidade de encarar os seus fardos dessa forma. Em vez disso, veem apenas o fardo, as dificuldades, a humilhação; e ficam deprimidos. Começam a sentir pena de si mesmos, a questionar a sua vida de casado ou a vocação que antes tanto prezavam. O sacrifício, o trabalho e a dedicação parecem não ter sentido; a caridade, a paciência e o amor se tornam meras palavras vazias. Começam a questionar até a sabedoria ou a validade da sua decisão inicial, e a buscar a liberdade ou um modo de escapar. Talvez justifiquem isso com os dados da ciência, ou da psicologia, ou argumentos sobre a mudança dos tempos num mundo em mudança. Mas no final, o que estão tentando explicar é a mudança radical que ocorreu neles, que os levou à crise interior da vocação que outrora abraçaram com tanta alegria e entusiasmo.

Como tudo isso pode acontecer tão subitamente, num período aparentemente tão curto? A resposta está na perda da virtude da humildade, a perda da perspectiva da vida como algo importante aos olhos de Deus, da perspectiva que vê todas as coisas como provenientes da mão de Deus. Quando se perde essa perspectiva, o ego subitamente começa a assumir uma importância maior, e a vontade de Deus começa a parecer cada vez menos importante. Não são os nossos fracassos, falhas ou pecados em si que causam isso; é a falta de humildade. Não importa quantas vezes o humilde fracasse, ele acertará as contas com Deus e recomeçará a jornada, pois a humildade lhe recorda a sua total dependência de Deus.

Aí está a diferença entre a pessoa totalmente humilde e alguém sem humildade. A primeira assume a culpa pela desordem da sua vida, por suas falhas e fracassos, e se esforça para retomar a dedicação à vontade de Deus. A outra, em vez de culpar a si mesma pelas falhas e fracassos, tenta justificar as suas ações de uma maneira ou de outra e persiste fazendo as coisas que lentamente a estão alienando de Deus e da sua vocação. Mesmo o sentimento de remorso que a aflige não é visto como uma graça que Deus lhe dá para ajudá-la a voltar-se a Ele, mas interpretado como indício de que a decisão original de seguir a sua vocação deve ter sido um erro.

Assim, fiquei sentado no avião que seguia para Krasnojarsk, perguntando-me por que me sentia tão magoado por ter de abandonar a minha «paróquia» em Norilsk. Foi por que me senti humilhado com o modo como a KGB me mandara partir? Depois de todos aqueles anos tentando ver a vontade de Deus nas reviravoltas e mudanças que a minha vida tomara a despeito dos meus sonhos e intenções (às vezes em contraste direto com o que eu tencionara ou planejara), depois de tantos anos aprendendo a ver aos poucos a mão de Deus e a sua providência nos eventos estranhos e quase sempre amargos pelos quais eu passara, por que agora eu hesitava em imaginar ou compreender que aquele novo desdobramento também tinha vindo de Deus? *Vosso modo de agir não é o meu*, dissera o Senhor, *e meus pensamentos não são os vossos pensamentos; mas tanto quanto o Céu domina a terra, tanto é superior à vossa a minha conduta* (Is 55, 8-9). Quantas vezes eu finalmente compreendera isso ao refletir sobre as minhas experiências, quantas vezes eu me propusera a tentar sempre ver a vontade de Deus em todas as coisas, e agora eu hesitaria em aceitar aquele fim abrupto ao meu apostolado em Norilsk por que não fazia sentido para a minha sabedoria humana?

Era realmente a preocupação com os corajosos cristãos que eu deixava para trás que me entristecia, ou era a decepção pessoal por ter de encerrar minha primeira experiência recompensadora como sacerdote, justo quando as coisas pareciam ir bem? Será que eu imaginava ou temia que Deus não tivesse outra maneira de cuidar do seu povo? *Que te importa se eu quero que ele fique até que eu venha?*, disse nosso Senhor a Pedro. *Segue-me tu* (Jo 21, 22). Cristo chamara Pedro à parte, mas Pedro estava preocupado com João. E agora Cristo, por meio da KGB, estava me chamando de

Norilsk. Por que eu duvidaria de que Ele cuidaria daqueles que eu deixava para trás – como havia cuidado deles antes de eu chegar? Assim, minha prioridade devia ser seguir para onde Ele me conduzisse, sempre ver sua vontade nos acontecimentos da minha vida e segui-lO fielmente, sem questionar ou hesitar.

Sim, eu estava decepcionado. Não, eu não tinha todas as respostas a todas as questões que me acossavam. Nem podia organizar os pensamentos que enchiam a minha mente quando o avião se aproximou de Krasnojarsk, mas de uma coisa eu sabia: há muito eu me comprometera a ver sempre a vontade de Deus em todas as coisas. Eu prometera me abandonar completamente à sua Providência. Aquele era um novo dia, talvez um novo capítulo no meu papel na expansão do Reino, e o meu trabalho era aceitar sem questionar as situações e as circunstâncias de cada dia sem olhar para trás. Não era hora, depois de tudo o que eu aprendera e compreendera sobre os caminhos misteriosos da Providência, para começar a rejeitar o trabalho da graça e da sabedoria de Deus.

A minha vida, como a de Cristo – se o meu sacerdócio significava alguma coisa –, foi dedicada a sempre cumprir a vontade do Pai. Era de humildade que eu precisava: a graça de compreender a minha posição diante de Deus não apenas quando as coisas iam bem, como em Norilsk, mas ainda mais em épocas de dúvida e decepção, como naquele momento, quando as coisas não iam como eu planejara ou desejara. É isso que significa humildade – aprender a aceitar as decepções e até as derrotas enviadas por Deus, aprender a perseverar e continuar com paz no coração e confiança em Deus, confiante em saber que algo de valor está sendo realizado precisamente porque a vontade de Deus age na nossa vida e nós estamos fazendo o melhor possível para aceitá-la e segui-la.

Pois não é quem o homem é ou o que ele faz que conta mais nos planos da Providência Divina, mas que o homem aceite com confiança e realize a cada dia, dando o melhor de si, aquilo que Deus escolheu para ele. *O que é estulto no mundo, Deus o escolheu para confundir os sábios*, diz São Paulo, *e o que é fraco no mundo, Deus o escolheu para confundir os fortes* (1 Cor 1, 27). A única coisa que aprendi por tentativa e erro, por meio do sofrimento e da derrota, foi que Deus podia usar alguém como eu, teimoso e às vezes estúpido, cheio de fracassos, e agora não era hora de começar a mudar de ideia. A verdadeira humildade consiste em aprender a sempre reconhecer esse relacionamento; devemos nos lembrar a todo instante desse fato, pois é fácil demais para a orgulhosa natureza humana começar a pensar de uma hora para a outra que nossas conquistas são devidas aos esforços que fizemos e ao nosso trabalho. E é certo que, assim que começamos a falhar na humildade, começamos também a perder de vista Deus e a sua graça, a excluí-lO da nossa vida em alguma medida.

Assim, disse a mim mesmo para ficar grato por Deus, em seu cuidado amoroso, enviar humilhações para nós. Agradeça pela KGB, senão você vai acabar acreditando que a Páscoa em Norilsk aconteceu por sua causa. Foi Deus quem plantou as sementes nos corações daquelas pessoas, foram os padres Viktor e Neron que a regaram, e foi somente porque Deus, na sua providência, pôs você ali naquele período que você aproveitou a colheita e o consolo daqueles dias. Fique consolado, idiota, mas não se engane! O mesmo Deus que preparou aquela alegria para fortalecer e consolar você agora preparou essa abrupta e humilhante saída de cena, para lembrá-lo mais uma vez de que é Ele quem governa todas as coisas na terra, e não o esforço dos homens. Aquilo foi ontem, e hoje é outro dia. Você não fez nada na União Soviética que não tenha sido por meio da graça e da vontade de Deus. Sempre que você tentou fazer alguma coisa sozinho, planejar com antecedência, obter as respostas antes do tempo, estragou tudo e teve de aprender novamente a buscar a vontade de Deus nas situações e circunstâncias. Já não é hora de você aprender? Já não é hora de aprender a ser manso e humilde de coração, a abrir mão da sua vontade e se esforçar para se conformar à de Deus, a buscar primeiro o reino de Deus e a sua justiça – e de parar de pensar em para onde esse avião está levando você, ou o que você encontrará lá, ou o que você está deixando para trás?

19. Fé

Depois de uma semana após minha chegada a Krasnojarsk, «herdei» uma paróquia de um modo que confirmou mais uma vez a minha confiança e o meu espanto diante dos caminhos da Providência. Eu tinha ido até a delegacia para me registrar, conforme instruído pelo chefe da KGB em Norislk, e lá encontrei um velho cavalheiro lituano. Creio que ele notou que eu não era russo pelo meu sotaque, e perguntou a minha nacionalidade. Eu disse que era polonês. Ele me perguntou se eu era católico. Discretamente, pois achava que a delegacia não era o melhor lugar para falar daquelas coisas, especialmente para mim, eu disse que era. Ele me perguntou se eu conhecia algum sacerdote. Antes de eu responder, ele disse que era membro de uma paróquia nos arredores da cidade. Disse que havia muitas pessoas lá, mas que o sacerdote morrera na semana anterior. Agora eles procuravam outro desesperadamente.

Por um momento, achei que podia ser outra armadilha da KGB; mas ainda assim, continuei conversando com o velho cavalheiro e concordei em acompanhá-lo numa visita a outros membros da paróquia. Eu ainda não lhe dissera que era padre, mas me vi fascinado com a maneira pela qual Deus arranja tudo. A paróquia nos arredores da cidade tinha até sua própria igreja, um edifício grande de um andar semelhante a um alojamento militar. Todo o interior era ocupado pela capela, um cômodo comprido de teto alto que podia acomodar mais de duzentas pessoas. Tinha um belo altar insculpido, as estações da cruz ao longo da parede e um confessionário na lateral – em tudo igual a uma igreja de paróquia normal. Havia uma sacristia atrás do altar, e depois da sacristia, um cômodo para o padre morar. Fiquei tão extasiado que quis me mudar imediatamente!

Os paroquianos não paravam de dizer-me como estavam precisando de um sacerdote – não apenas por motivos religiosos, mas também por motivos políticos. Pois os oficiais da cidade já estavam falando em tomar o prédio da igreja e usá-lo para outros fins, já que o povo estava sem padre e não havia nenhum disponível. Então, quando finalmente falei aos paroquianos que era padre, eles ficaram extáticos. Mas também contei a eles sobre as minhas experiências com a KGB em Norilsk, e avisei que certamente ficaria sob estrita vigilância ali em Krasnojarsk. A minha história não os demoveu nem um pouco. Imploraram para que eu ficasse com eles e me tornasse o seu pároco e, quando aceitei, me pediram no ato para orar com eles agradecendo a Deus por ter respondido as suas orações e lhes enviado um padre. Eu o fiz, sentindo-me emocionado, quase chorando, e o pequeno sermão que preguei para eles naquele dia foi sobre a providência de Deus.

O povo não quis que eu arranjasse um emprego. Disseram-me que havia muito a ser feito na paróquia, e prometeram cuidar das minhas necessidades. Além disso, queriam um sacerdote em tempo integral. O plano era escrever uma petição para o conselho municipal, dizendo que haviam arranjado um pároco e pedindo para a igreja não ser confiscada. Falando francamente, tive medo do plano. Eu sabia que os oficiais da cidade iriam querer saber quem era o padre, e de onde ele tinha vindo. E fiquei certo de que a minha estada em Krasnojarsk seria curta naquelas circunstâncias. Mas o povo não se deixou dissuadir – e depois do que eu acabara de testemunhar, no que dizia respeito à Providência de Deus, não consegui discutir por muito tempo.

Eles prepararam a petição e requisitaram uma reunião com o chefe do conselho municipal. Mas ele não deu uma resposta direta, nem assinou o documento necessário; em vez disso, insistiu que Moscou deveria cuidar do assunto. Infatigáveis, os paroquianos decidiram enviar um comitê a Moscou com a petição. Fiquei espantado com a sua audácia e até um pouco envergonhado com a sua fé; de fato, senti vergonha ao perceber que de certas maneiras, a fé deles era bem maior do que a minha. Nem por um instante duvidaram de que Deus arranjaria para que a petição fosse respondida favoravelmente – assim como Ele tinha respondido às suas orações pedindo outro padre. E eles não tinham medo de aparecer diante do conselho municipal, ou mesmo do Kremlin, para dar testemunho da sua fé. Sabiam, como todas as pessoas na União Soviética, que as suas ações podiam custar os seus empregos ou causar represálias ainda piores, mas nunca hesitaram.

Como explicar essa fé num país onde o medo e o ateísmo dominavam? Não havia explicação além da tradicional: aquela fé era um dom de Deus, como a fé sempre é. Deus era uma realidade para aquelas pessoas, uma realidade à qual se agarravam e priorizavam em detrimento de quaisquer outras preocupações pessoais. A fé era para eles, literalmente, uma questão de vida ou morte. Estavam dispostos a sacrificar todo o resto por ela. Para aquele povo não se tratava de doutrinas, regras ou práticas; era uma questão de crença e profunda convicção. Para eles, Deus era tão real quanto seus pais, mães, irmãos ou melhores amigos. Voltavam-se para Deus nas dificuldades, confiavam nEle, temiam o juízo sobre as suas faltas e estavam dispostos, para não ofendê-lO, a perder tudo o que tinham no mundo.

Não, eles não eram perfeitos, nem como pessoas nem como cristãos; não eram santos, mas a sua fé era uma questão de princípio e de prática, todos os dias. Não falavam sobre isso, mas dava para perceber no modo como abordavam os problemas da vida diária, no modo como falavam sobre as coisas, no modo como pensavam e reagiam em várias ocasiões. Era uma fé simples, direta e inocente, do tipo que Nosso Senhor louvava tão explicitamente nos Evangelhos sempre que a encontrava. *Não encontrei semelhante fé em ninguém de Israel* (Mt 8, 10), disse Ele a respeito do centurião, por exemplo. Foi assim que me senti ali na paróquia de Krasnojarsk.

Talvez fosse uma fé antiquada. Para aquele povo, era centrada na Igreja e nos sacramentos, nas devoções, novenas e orações. Talvez não fosse muito sofisticada, e talvez algumas das ideias do povo sobre o bem e o mal, pecado e penitência, sofrimento e redenção, morte e ressurreição, graça e sacramentos, não agradassem um teólogo mais detalhista do que eu. Mas também era uma fé constantemente testada e purificada no fogo da perseguição discreta constante, atacada e ridicularizada por propagandistas ateus de todos os lados, em todas as esferas – e que sobrevivera. Para aquelas pessoas simples, era preciosa demais para ser trocada por ascensão social, um emprego melhor, ou mesmo por uma educação melhor para os seus filhos amados. Para eles, a fé era um modo de vida; estava no centro de suas vidas, dos seus dias e de todas as suas ações. Eles raramente discutiam a sua fé ou falavam a respeito com outros, provavelmente não teriam conseguido explicar as suas crenças muito bem, mas era algo que estava no centro do seu ser. Acreditavam em Deus e na sua Igreja. Confiavam nEle, voltavam-se para Ele nas dificuldades, davam-lhe graças nos momentos de felicidade, e esperavam confiantes estar com Ele por toda a eternidade.

Essa é a fé que todos compartilhamos, é claro. Nós não a merecemos – Deus no-la deu como dom gratuito –, mas ela é nossa para que a preservemos ou percamos. Ela é nossa para que a apreciemos, ou para que a tratemos como algo garantido, e se começarmos a tratá-la assim, certamente a perderemos. Dessa maneira, devemos nos esforçar para estar sempre cientes dela, sempre zelosos, protegendo-a, como os judeus da época do Antigo Testamento e até hoje apreciam e protegem fervorosamente a verdade de terem sido escolhidos como o povo de Deus, como os cristãos simples de Krasnojarsk protegiam e praticavam sua fé. Devemos tornar nossa fé o princípio tácito que guia todas as nossas ações, o centro de nosso ser e de tudo o que fazemos todos os dias.

Nossa fé deve se tornar tão real para nós, tão necessária em nossas vidas quanto o ar que respiramos – pois sem ela, nossas vidas não têm sentido e nossa alma pode morrer. Devemos agir constantemente para fortalecê-la e torná-la ativa em tudo o que fazemos.

Creio que a maneira mais segura de conseguir isso é por meio da oração. Na oração nós falamos com Deus, pedimos a sua ajuda, buscamos o seu perdão e prometemos emendar-nos, e agradecemos pelos favores recebidos. Mas não podemos rezar como se estivéssemos falando com o nada. Assim, no próprio ato da oração nos lembramos da realidade e da presença de Deus, o que por si só já fortalece a nossa crença nEle. E é por isso que, na minha opinião, o oferecimento de obras pela manhã ainda é uma das melhores práticas de oração – não importa que tantos a vejam como algo antiquado. Pois nela, no começo de cada dia, aceitamos da mão de Deus, e oferecemos de volta a Ele, todas as orações, os trabalhos e os sofrimentos, e isso nos recorda novamente da sua Providência e do seu Reino. Se conseguíssemos nos lembrar de passar o dia inteiro na sua presença, de fazer a sua vontade, que diferença isso faria nas nossas vidas e nas vidas daqueles à nossa volta! Não podemos rezar o tempo inteiro, como os monges contemplativos que dedicam a vida toda à oração e à penitência. Nem podemos andar distraídos com noções abstratas, pensando apenas em Deus e ignorando os deveres para com as pessoas à nossa volta, com nossas famílias e nossos amigos, com aqueles por quem somos responsáveis. Mas nós *podemos* rezar sempre, fazer de cada ação, trabalho e sofrimento do dia uma oração, se oferecermos e prometermos tudo isso a Deus.

Além disso, não estamos sós na nossa fé. Somos membros da Igreja, do Corpo Místico, o reino de Deus aqui na terra. Somos membros dessa Igreja por meio do Batismo – o sacramento da vida da fé –, e é na Igreja e por meio dEla que Cristo nos deu os meios de fortalecer nossa fé: os seus sacramentos. Eles foram os meios estabelecidos por Cristo exatamente para fortalecer a fé dos seus seguidores. Se queremos realmente preservar a *nossa* fé, temos de usá--los – especialmente o sacramento da Penitência, modo como alcançamos a paz e a reconciliação com Deus, e a Missa e o sacramento da Eucaristia.

Mas a Igreja é mais do que um sistema sacramental; é uma comunidade de crentes, um Corpo Místico, o reino de Deus aqui na terra. Como membros desse corpo, não podemos permanecer distantes ou indiferentes aos outros ou ao bem comum. Cada um de nós deve fazer a sua parte para fortalecer esse Corpo e expandir o Reino. Assim, as nossas vidas também não podem se desenvolver separadas da Igreja. Quer vivenciemos uma crise, ou às vezes nos sintamos alienados por outros cristãos, fazemos mal a nós mesmos e ao Corpo Místico de Cristo se deixarmos a Igreja. Seja qual for o problema, temos a obrigação, que provém da fé que partilhamos, de buscar uma solução dentro da Igreja, e não fora dEla. Simplesmente não podemos separar a nossa vida da vida de Cristo, ou do Corpo do qual Ele é a Cabeça, por causa de algum sentimento pessoal de insatisfação ou mágoa. Não podemos ingenuamente fingir que Deus pode ser encontrado em toda parte – que O podemos servir, amar e invocar como Salvador – e ignorar a Igreja que Ele fundou. A Igreja é repleta de falhas humanas porque é composta de seres humanos; tem seu quinhão de escândalos e líderes ruins, mentes medíocres, egoísmo e espiritualidade rasa, de homens imperfeitos e falíveis que nem sempre praticam o que pregam. Ainda assim, Ela permanece a instituição que Cristo fundou para preservar e guardar a fé, o Corpo Místico onde até os fracos podem se tornar fortes.

Um homem de fé está sempre consciente de Deus, não apenas na própria vida, mas na vida dos outros. Essa é a base da verdadeira caridade, esse grande mandamento no qual somos instruídos a «amar a Deus com toda a mente, coração e alma, e o nosso próximo como a nós mesmos». A fé, então, é a base do amor; é na inspiração da fé que compreendemos a paternidade de Deus e a irmandade de todos os homens. São João escreve repetidas vezes que só o amor cumpre todos os mandamentos e a lei. Mas antes do amor, sustentando-o no seu núcleo, está a fé; devemos ter fé antes de amar ou acabaremos amando a coisa errada – amando a nós mesmos mais do que a Deus, ou amando as criaturas em si mesmas – e esse é o significado do pecado. Para aumentar o amor, para amar adequadamente, devemos esforçar-nos para sempre aumentar a nossa fé, e fazemos isso por meio da oração e dos sacramentos.

O próprio Jesus, no meio de sua atarefada vida pública, se afastava dos discípulos e ia rezar nos montes. Devemos seguir o seu exemplo para preservarmos e fortalecermos a nossa fé, para termos presente o tempo todo o fato de que a nossa vida inteira veio de Deus e retornará a Deus, para levarmos sempre em consideração a sua vontade em tudo o que fazemos. Pela *oração*, relatamos a Deus tudo o que acontece na nossa vida todos os dias, seja bom, seja ruim. Pois não há diferença entre um homem de fé e um homem sem fé (ou de pouca fé) no que diz respeito às experiências rotineiras pelas quais todos passamos a cada momento da vida, dia após dia, por semanas e meses e anos a fio. Externamente, a nossa vida é pouco diferente das vidas daqueles à nossa volta. O que faz a diferença, o que *tem de* fazer diferença, é a fé que inspira todas as nossas decisões, escolhas e ações. Sem fé, nossas vidas são apenas uma rotina entediante e vazia, sem valor, e os dias se passarão sem significado ou sensação de realização. Mas com a fé, até a ação mais rotineira e entediante de cada dia tem mérito e significado para nós – e para o reino de Deus.

Há momentos de crise em toda vida, momentos de ansiedade e medo, de frustração e oposição, às vezes até de terror. O reino de Deus – o reino de justiça e paz, de amor e verdade – ainda não foi realizado aqui na terra; já começou, mas há muito a ser feito para que ele possa chegar à sua plenitude, e então toda a criação será renovada de acordo com a mente do Pai. O mal ainda coexiste com a justiça como o joio entre o trigo, o ódio misturado ao amor, o mau com o bom, o pecador com o santo. Assim, nenhum de nós pode escapar das tensões deste mundo imperfeito – nem pecador nem santo, bom ou mau, fraco ou forte, doente ou saudável, simples ou estudado, indiferente ou dedicado. Apenas com uma fé viva o homem pode aprender a viver em paz em meio às tensões deste mundo, pode ficar tranquilo com a sua capacidade (com a ajuda de Deus) de suportar as crises da vida, quando quer que venham, sejam quais forem, pois sabe que Deus está com ele. No meio do sofrimento, do fracasso ou até do pecado, quando se sente perdido ou assoberbado pelo perigo ou pela tentação, a fé ainda o lembrará de Deus. Pela fé, ele aprendeu a erguer-se acima das circunstâncias desta vida e a manter os olhos fixos em Deus, de quem espera a graça e a ajuda necessárias, não importa o quão indigno se sinta.

Assim, a fé é o fulcro do nosso equilíbrio moral e espiritual. Os problemas do mal ou do pecado, da injustiça, dos sofrimentos, até da morte, não podem perturbar o homem de fé, ou abalar a sua confiança em Deus. A sua impotência para resolver esses problemas não será motivo de desespero ou depressão, não importa quão pronunciadas sejam a preocupação e a ansiedade, as suas ou as das pessoas próximas. No íntimo do seu ser existe uma confiança inabalável de que Deus proverá, nos caminhos misteriosos da sua Providência.

E, no entanto, a fé também ensina ao homem que ele não pode ser indiferente, que ele não pode apenas dar de ombros e suspirar: «Deus proverá». Ele sabe que deve, nas palavras da máxima espiritual, «trabalhar como se tudo dependesse dele, e rezar como se tudo dependesse de Deus». Ele reconhece que foi por meio da Encarnação que o reino de Deus se estabeleceu entre nós. Pois foi no mistério da Encarnação que Deus se tornou homem para nos deixar o exemplo mais perfeito – e para nos ensinar por esse exemplo como esse reino deve expandir-se na terra. O reino de Deus crescerá na terra, será levado à plenitude, da mesma forma como foi estabelecido: por meio das vidas vividas diariamente, as vidas aparentemente ocultas daqueles que sempre cumprem a vontade do Pai.

Foi essa fé que me impressionou tanto nos cristãos de Krasnojarsk e nos outros fiéis que conheci na União Soviética, ortodoxos, batistas, evangélicos, os membros de várias denominações com quem tive contato. Acossados por dificuldades e todo tipo de perseguição sutil, restringidos pela lei, ainda assim eles conservavam a sua fé em Deus e tudo o que ela implicava na prática. Sei que as suas orações e sofrimentos prenunciam uma colheita futura de fé nesta terra outrora conhecida como a Santa Rússia. O reino de Deus sobrevive e se expande pela fé ativa e inabalável de pessoas como essas; e também permanece nos corações das massas que sabem instintivamente que deve haver mais na vida do que o futuro prometido pelo comunismo. Ninguém sabe melhor do que aqueles que estão atacando essa fé constantemente o quanto as sementes dela permanecem no solo russo; apenas Deus na sua providência sabe quando essas sementes brotarão.

20. Humanidade

Minha estada na paróquia de Krasnojarsk não durou muito. Um dia a polícia secreta apareceu à uma da manhã e me deu quarenta e oito horas para sair da cidade. Não perderam tempo com discussões ou explicações. Simplesmente carimbaram «cancelado» na minha permissão para viver em Krasnojarsk, e me disseram que eu seria preso se ainda estivesse na cidade dali a dois dias. Ignoraram as minhas perguntas e seguiram os procedimentos de forma factual, em silêncio a maior parte do tempo. Quando terminaram, o agente encarregado disse com fria precisão: «Wladimir Martinovich, você foi avisado várias vezes e esta é sua última chance. Você pode ir ou para Abakan ou Yeniseisk, e é isso». Eu nunca tinha ouvido falar de nenhuma dessas cidades, mas ele me disse que Yeniseisk ficava no norte da Sibéria, e Abakan, no sul. Eu já estava farto do norte da Sibéria, e escolhi Abakan. «Muito bem», disse ele. «Agora deixe eu esclarecer uma coisa: em Abakan você não fará mais o trabalho que fez aqui e em Norilsk – ou então você vai acabar voltando para o lugar de onde veio. Entendeu?». Ele não falou nada sobre o fato de eu ser sacerdote ou sobre a religião, mas ambos sabíamos o que ele queria dizer.

Assim, quando cheguei a Abakan, fui trabalhar na oficina municipal, ATK-50, e alojei-me num quarto na casa de um inválido e sua esposa. Ironicamente, antes de adoecer ele fora secretário do conselho municipal, membro do Partido e comunista devoto. Por ser inválido e sobreviver com uma magra pensão, ele e a esposa ficaram felizes em alugar um quarto para mim e com isso complementar a renda familiar, muito embora eu tivesse me mostrado reticente em explicar como e por que eu viera para Abakan e quanto tempo planejava ficar.

Vivi com ele e a esposa por mais de dois anos, até que um dia ele me disse, envergonhado, que os seus velhos camaradas no conselho municipal andavam perguntando sobre mim e «sugerindo» que não condizia com a posição de um membro do Partido feito ele coabitar com alguém feito eu. Na época já éramos amigos, e ele sentiu-se terrivelmente envergonhado de pedir-me para sair. Mas ele também estava preocupado em ser expulso do partido e perder a parca pensão que recebia. Mas por aquela época, eu já tinha feito amizade com muitas pessoas da vizinhança, e foi bem fácil arranjarmos uma acomodação para mim na casa da família vizinha, também de bons amigos. Fiquei feliz com o arranjo, pois tinha passado a gostar daquelas pessoas, que me tratavam como membro da família, e gostei de permanecer próximo a eles. Mais ainda: o meu novo alojamento me dava um pouco mais de privacidade e uma chance melhor de celebrar a Missa todos os dias sem medo de interrupção. Geralmente, não havia ninguém em casa quando eu retornava do meu turno na oficina exceto pela *babushka*, a avó, e assim

20. HUMANIDADE

eu tinha chance de celebrar a Missa ou orar em silêncio antes do jantar. A *babushka* e eu logo nos tornamos grandes amigos, e ela sempre trazia uma xícara de sopa quente ou de *kasha* para mim quando eu chegava à noite.

Aqueles anos em Abakan foram a minha primeira chance verdadeira de me envolver intimamente com a vida diária e familiar na União Soviética. Passei longas horas conversando com aquelas famílias e os seus amigos, e cheguei a conhecer pessoas de vários estratos sociais – dos trabalhadores da oficina e de outras partes até membros do partido que apareciam constantemente para conversar com o antigo colega do conselho municipal. De fato, a casa dele era um local de encontro, com um fluxo constante de visitantes. Isso também foi vantajoso para mim, pois as pessoas podiam visitar-nos e vir falar em particular comigo sobre a religião sem chamar muita atenção em meio à movimentação constante na casa. De início, tomei muito cuidado em Abakan, e não mencionei que era sacerdote nem tentei iniciar um apostolado. Mas aos poucos o fato ficou conhecido; um amigo contou ao outro, e logo me vi ocupado novamente. Porém não de maneira formal ou com grandes grupos, mas com indivíduos e casais. Eu aconselhava, ouvia confissões, batizava crianças e ungia os doentes e moribundos. Mais uma vez, peguei-me espantado com a fé e a constância daquelas pessoas e com os sacrifícios que estavam dispostas a fazer por sua fé. E passei a amar o povo russo como nunca antes.

O cidadão soviético comum não se deixava levar pela propaganda. Como qualquer ser humano, desejava uma vida mais rica e mais plena, e buscava um significado mais profundo para a vida além das coisas materiais prometidas (mas não cumpridas!) pelo comunismo ou pela «gloriosa revolução» de construir a sociedade socialista perfeita. Ele tinha orgulho das conquistas do país, do que foi realizado em poucas gerações, e não questionava muito o sistema sob o qual vivia. Mas ele e seus amigos debatiam-se com os mesmos problemas que as pessoas de toda parte têm, e queriam respostas. Não sabiam ao certo se a religião tinha as respostas, e de fato desconfiavam da religião e das igrejas, mas buscavam respostas mais satisfatórias para essa busca íntima do que as que o comunismo tinha oferecido até o momento.

Por sua própria ideologia, o comunismo debruça-se sobre a questão da humanidade; é para esse fim que todos os seus esforços se direcionam. Nenhum sistema social no mundo prestigia tanto o homem como o comunismo, pelo menos na teoria e na propaganda. Literatura, cultura, educação, trabalho, ciência, lei, medicina e todas as riquezas do país devem servir ao bem do povo. Há *slogans* por toda parte dizendo: «Tudo pelo homem». A frase do escritor Máximo Górki, que diz que a palavra *homem* ressoa bela, era citada com frequência, e as crianças nas escolas e os operários nas fábricas ouviam repetidas vezes que não há nada mais precioso no mundo do que o ser humano. Expressões especiais de uso diário foram criadas para enfatizar a bondade da natureza humana. Erigiu-se toda uma moral sobre o assunto, e ela permeava a nova ordem social. Ao serem repreendidos pelas autoridades ou um camarada por alguma falha ou erro, os cidadãos eram lembrados da sua obrigação como seres humanos, humanos conscientes, homens honestos e de palavra. Essas características básicas da natureza humana eram constantemente incutidas nas

20. HUMANIDADE

mentes das crianças e de todos os cidadãos soviéticos com insistência feroz. O homem comunista, o homem da nova ordem social, devia ser superior a todos os seres humanos, pois dele dependia a conversão do mundo ao comunismo, à liberdade, fraternidade e justiça para todos.

O partido e o governo usavam todos os meios à disposição para educar os cidadãos nesse novo espírito do comunismo. Toda a mídia, os teatros, a arte e a literatura, as escolas, os sindicatos e os clubes construídos por todo o país para esse mesmo fim enfatizavam o mesmo tema. Nem o entretenimento e a arte estavam livres dessa insistência irritante sobre as virtudes do novo homem comunista: sobre a dignidade do trabalho por uma causa, sobre a necessidade da honestidade e do cumprimento da lei, sobre a fraternidade e a necessidade de dar e aceitar as correções fraternas dos camaradas. Reforçavam-se as ideias mais elevadas de amor e caridade humanas, ao mesmo tempo em que o egoísmo, a preguiça e a avareza eram apontados como os principais inimigos. O objetivo era prover o bem comum de todos, fazer pela humanidade o que a humanidade ainda não conseguiu realizar.

Não há dúvida de que essa propaganda constante tinha um efeito. Uma conquista óbvia dela é um espírito de camaradagem que não havia em nenhum outro lugar. Outra era o orgulho bem real que as pessoas sentiam pelas suas conquistas, seja o cumprimento de um plano quinquenal, a construção de uma represa ou fábrica, uma boa colheita, seja simplesmente o cumprimento das normas básicas da sua profissão. Uma sensação de ter enriquecido a terra natal de um modo ou de outro fazia as pessoas sentirem-se parte das coisas e orgulhosas do sistema. Elas não conseguiam compreender o capitalismo e diziam isso abertamente. Ouviam o seu sistema e as suas conquistas louvadas repetidamente por toda uma geração, e passaram a acreditar naquilo. Simplesmente tomavam esse sistema como natural e achavam que de uma forma ou de outra era assim que as coisas deveriam ser. E não há nisso nada de surpreendente. No Ocidente, a propaganda de todo tipo de novo produto produz o mesmo efeito psicológico: carros, casas, sabonetes, desodorantes, estilos de vida e até pornografia. O modo de vida americano é retratado em cores vivas, e as pessoas passam a acreditar que precisam ter essas coisas – a ponto de endividarem-se para ter acesso aos últimos modelos e acompanharem as modas e estilos de vida mais recentes.

Mas nada disso chega a satisfazer realmente as pessoas. Talvez exista uma aceitação inconsciente, de reflexo condicionado, dessas premissas e metas repetidas com insistência, mas talvez também exista um sentimento igualmente subconsciente, vagamente discernido, de que há mais na vida além das posses e conquistas materiais, sejam individuais ou coletivas. Mais de uma vez participei de discussões com operários comuns e maridos e esposas, avós e famílias, dos mais simples aos mais sofisticados comunistas, sobre a moral e o sentido da vida. Não era preciso que eu iniciasse essas discussões; a repetição constante do *slogan* «Tudo pelo homem» é o equivalente comunista dos comerciais de TV; um programa de notícias, documentário ou mesmo algum programa cultural ou de entretenimento bastava para causar reações e começar as discussões.

O aperfeiçoamento da humanidade, a noção abstrata de humanidade ou um conceito exaltado do homem são ideais bem tênues, que rapidamente perdem o poder de inspirar

20. HUMANIDADE

ou satisfazer diante da experiência diária e do esforço constante da vida quotidiana. É possível dedicarmo-nos por algum tempo ao objetivo de servir a humanidade sofredora, sentirmo-nos inspirados pela noção de fraternidade como meta, mas sendo a natureza humana como é – repleta de falhas –, é difícil sustentar esses momentos de inspiração sem uma motivação mais profunda e significativa. Na ideologia marxista, no comunismo ateu, o homem e o mundo material são tudo o que existe; quanto ao resto, existe apenas uma vaga visão de alguma sociedade futura perfeita, um estágio melhor e mais elevado da humanidade que existirá numa era dourada por vir, para a qual até os apologistas mais dogmáticos do comunismo há muito desistiram de definir uma data. Subitamente, os comunistas com quem tive contato se viam na posição dos cristãos do primeiro e do segundo séculos, que começaram a perceber que a Parusia, a segunda vinda de Cristo, não estava logo ali na esquina. Ironicamente, a futura era dourada do comunismo passou a ser tratada pelo cidadão comum, e especialmente pelos jovens, com o mesmo desdém dos porta-vozes comunistas quando descreviam a religião como coisa de quem acredita num «homem barbudo no Céu».

Afinal, o homem é apenas humano. Sobretudo se é o vizinho, com todos os defeitos mesquinhos, o sujeito estúpido na bancada do trabalho perto da sua, o açougueiro ou balconista de mercearia que rouba no peso, o motorista de ônibus mal-educado e impaciente, o membro do partido que gosta de gritar, o alpinista social, o capataz de oficina ou chefe de sindicato agressivo, os fedelhos indisciplinados do vizinho. É possível simpatizar com os doentes e os que sofrem, sentir-se movido a ajudá-los, ser tocado pelas histórias das vítimas da guerra ou das catástrofes naturais, mas é difícil sentir muita simpatia ou amor fraterno por aqueles com quem topamos todos os dias e a quem observamos com seus defeitos tão humanos. O que o homem da rua pode exigir de mim? Por que eu deveria tratar aquele brucutu do fim da rua ou do trabalho como um «camarada» com base numa ideia nobre, mas totalmente abstrata de fraternidade? O amor pela família e pelos amigos é uma coisa – nasce de algo próprio da natureza humana e dos vínculos de sacrifício e partilha –, mas amor pela humanidade em geral, o que é isso?

E como era possível explicar as maiores maldades do comunismo? Aquelas pessoas sabiam dos terrores da época de Stalin. Praticamente todos do nosso grupo tinham algum amigo, parente, ou pelo menos conheciam alguém que tinha sido enviado aos campos de prisioneiros da Sibéria. Onde estava a tão propalada «humanidade», então? E os abortos? Fiquemos nos abortos: ali, na nossa cidadezinha apenas, aconteciam cinquenta e seis abortos diariamente – bastava ver as estatísticas oficiais –, e quanto ao resto da União Soviética? Isso é maneira de incentivar a humanidade?

O aborto era legal na União Soviética. Qualquer pessoa que desejasse podia passar pelo procedimento. O governo dizia que a prática deveria ser legalizada para impedir abusos particulares. Os salários do marido e da esposa combinados tornavam difícil criar mais de uma ou duas crianças, então todos queriam fazer abortos. Mas essa questão os assombrava. Os corredores das clínicas próximas aos locais que realizavam abortos eram cheios de cartazes não para louvar o aborto, mas para informar às pacientes dos possíveis efeitos nocivos que a operação poderia surtir na mente e no corpo. Os médicos, na maioria mulheres, as enfermeiras e o resto das equipes tentavam dissuadir as pacientes de realizar a operação. Anos depois as mulheres confidenciavam que não conseguiam se livrar do sentimento de culpa. E não eram «crentes», mas mulheres e moças que tinham recebido toda a educação ateia das escolas soviéticas.

Mesmo para o comunismo, tratava-se de uma questão básica de vida e morte, de certo e errado. As pessoas se perguntavam: se a vida, no que tem de mais crucial pode ser tratada tão levianamente, quem vai impedir que essa mentalidade se espalhe? A sociedade? Dificilmente. A sociedade não consegue nem abordar adequadamente os problemas atuais de crime e outras desordens sociais. E quando uma sociedade realmente aprova o mal, onde isso termina? Podemos confiar no homem apenas para resolver os problemas da humanidade? Olhemos para a história, e as profundezas onde os países civilizados se afundaram repetidas vezes.

Aos poucos, naquelas conversas, eu introduzia a noção de Deus e da religião, da natureza humana decaída e da Redenção, de Cristo e do seu Reino. É claro, até onde eu iria ou o que eu diria dependia da pessoa com quem eu estava e se ela estaria pronta para ouvir. Os amigos mais próximos sabiam que eu era sacerdote, e às vezes me escutavam avidamente. Com os outros, simplesmente declarava a minha fé em Deus e esperava a reação deles para ver onde a conversa podia chegar.

Alguns ficavam curiosos e faziam mais perguntas, alguns davam de ombros, e alguns atacavam amargamente a religião e a Igreja. Os ataques sempre giravam em torno dos abusos, tema central de toda propaganda ateia contra a religião: a cobiça da Igreja, o fato de monges e padres venderem velas e ícones, as perversões sexuais de padres e freiras, a influência política e os jogos de poder da Igreja Ortodoxa sob o domínio dos czares, as estranhas práticas ascéticas e penitências dos «homens santos», até as torturas da Inquisição. Cada acusação a que a Igreja e os seus servos deram margem por causa de erros humanos era descrita em grande detalhe nos cursos de ateísmo nas escolas, e exposta nos museus públicos do ateísmo. É a única faceta da Igreja de que o cidadão comum dessa geração já ouvira falar, de modo que a sua antipatia à Igreja e à religião, com base nessas meias-verdades e distorções, era compreensível. Eu não tentava defender a Igreja daquelas acusações – só Deus sabe se é possível defender-se delas –, mas tentava em vez disso conduzir a conversa para as verdades da fé que tinham a ver com nossas conversas prévias sobre o sentido da vida e a fraternidade dos homens.

Eu falava sobre Deus da forma como acreditava nEle, sobre a criação e o plano de Deus para o homem e o mundo. Falava sobre a Queda e sobre o pecado, da rejeição de Deus pelo homem, da desordem que entrara no mundo e dos males que passaram a acossar a raça humana por causa da desordem que chamamos de pecado. Eu falava sobre a promessa que Deus fez de enviar um Redentor, e da vinda de Cristo; do exemplo que Ele nos deixou de uma vida humana perfeita, em que cada pensamento e ação era dedicada ao cumprimento da vontade de Deus, a vontade do Pai, e assim restaurar o plano original de Deus para toda a humanidade. Falava de como Ele sofrera todas as indignidades que alguém podia sofrer, desde um nascimento humilde, passando pela pobreza, trinta anos de uma vida de trabalho rotineira e sem graça numa aldeia pequena e atrasada, até a rejeição e o sofrimento, dor e finalmente morte, o fim que espera todos nós. Falava da sua ressurreição e da vitória sobre a morte – o fato central da fé cristã que nos dá absoluta certeza da vida após a morte, da vida além desta vida, a certeza de que existe para o homem e a sua existência aqui na terra um sentido que transcende a morte.

Eu falava de como a vinda de Cristo era o começo de uma nova era, de um novo reino, o começo – mas apenas o começo – de uma recriação do mundo de acordo com o plano original de Deus, que todos nós devemos nos dedicar para aperfeiçoar e completar. Explicava os ensinamentos de Cristo sobre a paternidade de Deus – a única perspectiva que dava sentido à fraternidade dos homens –, sobre o amor, a justiça, a verdade e a honestidade, o dom de si e o cumprimento da vontade de Deus, que formam a base da moral cristã e da realização do reino que Cristo veio estabelecer na terra. Finalmente, eu também falava da fé e da esperança que a fé dá aos homens, não apenas a esperança de uma vida futura melhor, de obter os favores do «homem barbudo no Céu», mas a possibilidade de redimir esse mundo e toda a humanidade.

Não me propus a converter ninguém, mas esses temas eram minha contribuição às discussões que surgiam espontaneamente sobre o sentido da vida e a humanidade, sobre a fraternidade e o sentido de trabalhar para uma vida melhor, sobre o mal no mundo e a moral, sobre a liberdade e a paz. Se não fiz os meus ouvintes crer ao curso das nossas longas conversas, pelo menos apresentei uma alternativa à linha de pensamento do partido e às doutrinas que eles haviam ouvido, em que haviam acreditado e de que às vezes duvidavam. Ao menos propus outra resposta para as questões que os incomodavam e os fiz tomar consciência de que, para quem acreditava, havia um sentido para o homem e a sua existência aqui na terra que ia além do puramente humano e material. Não que eu desse a entender que eu tinha todas as respostas e eles, todas as perguntas e os problemas. Eu tentava mostrar que as dúvidas e os desejos que expressavam, as palpitações íntimas dos seus corações e almas, vinham de um espírito, que era natural, mas mais do que meramente material. Repeti o ditado de Santo Agostinho, de que o coração do homem foi feito apenas para Deus, e fica inquieto enquanto não repousa nEle. Também não é que eu tenha feito longos sermões ou explicações sobre a doutrina da Igreja, sobre o Credo ou a história da salvação – como o resumo acima pode fazer parecer –, pois as noites eram repletas de perguntas e mais perguntas, argumentações e refutações, explicações que levavam a mais questionamentos e explicações, e geralmente com bom humor, sinceridade e honestidade.

A maioria dos cidadãos russos comuns sabia que ainda existia religião no país, e muitos deles se mostravam ávidos para saber mais a respeito. Muitos deles também ainda se lembravam de como os pais e os avós se agarravam às crenças e práticas tradicionais, como queriam que seus filhos fossem ao menos batizados, e se lembravam com um misto de carinho e nostalgia da bondade daquela geração «supersticiosa» que foram ensinados a ridicularizar na escola. Agora perguntavam-se: não era a religião que fazia aquelas pessoas de antigamente boas? E o que as fez morrer ainda acreditando em Deus?

As pessoas com quem conversava também se pergun-

20. HUMANIDADE

tavam o que havia na religião para que os seus vizinhos e companheiros de trabalho continuassem a praticar a fé apesar da ridicularização e do acosso, da perseguição mesquinha e da perda de privilégios sociais, do sofrimento pessoal e do sacrifício. Será que há mesmo alguma coisa ali, perguntavam-se, tão importante assim, capaz de fazer tanta diferença na vida de um homem?

O exemplo desses cristãos corajosos, a curiosidade e as perguntas que inspiravam, não criaram muitos convertidos – nem as minhas longas conversas e explicações. Mas isso tudo certamente preparou o solo para as sementes da fé, que apenas Deus pode plantar nos corações do homem. Deus, nos maravilhosos caminhos da sua Providência, usa de muitos meios para alcançar esse fim. Até o comunismo, embora o objetivo expresso dele seja a destruição da religião e de toda crença em Deus, tem um propósito no plano divino. É implacável, cruel e violento, mas também destruiu muita coisa que era corrupta e começou a construir uma nova sociedade dedicada, ironicamente, à humanidade. Num nível puramente natural, a preocupação com o homem fez muito bem; o povo, embora sofresse – tanto sofrimento desnecessário, sem dúvida –, respondeu às duras exigências com muito sacrifício próprio, com um espírito de dedicação e um sentido de fraternidade que poderiam causar inveja em muitos países mais cristãos. Certamente, as sementes da fé que Deus plantará a seu próprio tempo encontrarão em corações assim um solo fértil e uma rica colheita, no final.

O meu apostolado com aquelas pessoas, nos caminhos estranhos e misteriosos da Divina Providência, terminou. Mas lembro-me deles com carinho e tristeza; rezo por eles diariamente. Ainda lembro deles, e dos meus cristãos russos de Norislk e Krasnojarsk, dos meus colegas e amigos prisioneiros nos campos de trabalho, quando celebro a Missa toda manhã – e ofereço todas as orações, os trabalhos e os sofrimentos de cada dia pela salvação eterna deles e a sua felicidade com Deus. Esse é meu papel no Reino, tanto agora como antes, em conformidade com a vontade de Deus para mim, e eu a aceito e acolho diariamente como sempre fiz.

Epílogo

Escrevi muito neste livro sobre a vontade de Deus e sua providência. Temo que alguns leitores achem que enfatizei demais esse ponto, e só posso pedir desculpas se incomodei. Outros podem julgar minha fé sobre esse assunto simples demais, ingênua até; podem achar que a minha fé não é apenas inocente, mas pueril. Sinto muito se esse for o caso, mas escrevi apenas sobre aquilo que sei e pelo que passei. Muitas pessoas, de jornalistas a donas de casa, me perguntaram várias vezes como consegui sobreviver os anos que passei nas prisões soviéticas e nos campos de trabalho forçado na Sibéria. Minha resposta sempre foi – e só pode ser – que sobrevivi por causa dessa fé que outros podem considerar simples e ingênua. Assim, ofereci esta explicação para responder às muitas perguntas que me foram feitas, esperando que ela possa ser útil para quem estiver interessado em encontrar uma resposta. Para os que se sentiram decepcionados, que acham difícil aceitar uma explicação tão simples, que talvez tenham esperado ouvir de mim alguma fórmula misteriosa e secreta que ajudaria a mudar suas vidas ou fortalecer sua fé, e não podem aceitar o que escrevi, só posso expressar a minha solidariedade e dizer que sinto muito. Talvez as minhas palavras pudessem ter um maior significado se eu fosse um teólogo e pudesse explicar melhor a atuação da graça e os movimentos da alma que aprendi apenas por experiência própria, mas não sou teólogo, e não posso fazer isso. Tudo o que posso fazer é relatar – da maneiras mais simples e honesta possível – essas verdades simples que eu mesmo só aprendi por tentativa e erro, verdades que só aos poucos consegui apreciar na minha própria vida, depois de muita angústia espiritual e muita reflexão e oração, verdades que me sustentaram durante os longos anos de dúvida e trevas, de dificuldades e sofrimentos. Espero e rezo para que o que aprendi e vim a compreender tão lenta e dolorosamente possa ser útil a outros. Deus é um professor muito paciente, e fui um aluno muito teimoso. Mas estou convicto de que Ele não ensinou apenas a mim as lições que tentei repetir neste livro, de que Ele quer que, por meio delas, eu possa ser útil para os outros. Foi por isso que comecei a escrever este livro, ciente das minhas habilidades limitadas e muito ciente de que não tenho nenhum direito de ser ouvido, nem posso alegar credibilidade, mas convencido de que pelo menos um dos propósitos (nos caminhos misteriosos da Providência Divina) do meu regresso da União Soviética foi poder contar a história que tentei contar aqui. Um pouco como Isaías, isso tudo me deixa um tanto envergonhado, mas ainda assim me sinto impelido a falar o que me foi dado falar.

 Embora tenha pedido desculpas, não tenho vergonha do que escrevi – mesmo que muitos considerem simplista. O que há de terrível na verdade divina, de fato, é a sua simplicidade. Sejam os segredos do universo físico que Deus criou (como a equação de Einstein, $E = mc^2$) ou os Dez Mandamentos, ou as Bem-aventuranças, ou a verdade que aprendemos no catecismo: tudo pode ser declarado de forma simples. E, no entanto, que curioso que essa mesma simplicidade as torne tão inaceitáveis para os sábios, os orgulhosos e os sofisticados deste mundo. *O que é estulto no mundo*, nos diz São Paulo, *Deus o escolheu para confundir os sábios* (1 Cor 1, 27). Terá Deus planejado que assim fosse, ou trata-se apenas da nossa sabedoria humana, que nos torna orgulhosos demais para aceitar a completa simplicidade da sabedoria divina? Por que devemos sempre procurar as respostas mais sofisticadas, mais significativas, mais relevantes, quando Deus colocou a verdade diante de nós de forma tão simples e direta?

O homem foi criado para louvar, adorar e servir a Deus neste mundo e para ser feliz com Ele no próximo. Esse é o ponto central da matéria. Você acredita, ou não acredita – e isso é tudo. Os filósofos podem discutir o assunto, e discutem. Alguns conseguiram convencer a si próprios e a outros dessa verdade, e outros não. Mas essa é a primeira verdade da fé, e os que têm fé a aceitam; os que não têm, não aceitam. Eu mesmo não posso convencer ninguém dessa verdade, mas acredito nela. Não peço desculpas pela minha fé nem tenho vergonha dela.

Mas o que tentei mostrar nas páginas deste livro foi como essa fé afetou a minha vida e me sustentou em tudo que vivi. Essa fé é a resposta para a pergunta que mais escuto: «Como você conseguiu sobreviver?», e só posso repeti-la, com simplicidade e sem embaraço. Para mim, essa verdade diz mais além de que o homem tem um dever e uma obrigação para com seu Criador, como muitos se inclinaram a interpretá-la. Para mim, essa verdade diz que Deus tem um propósito especial, um amor especial, uma providência especial para todos aqueles que criou. Deus se importa com cada um de nós individualmente, nos guarda e provê para nós. As circunstâncias de cada dia da nossa vida, cada momento de cada dia, são-nos dadas por Ele. Deixe que os teólogos discutam como isso se dá, deixe que os filósofos e os sofisticados deste mundo questionem e duvidem se isso pode ser assim; a verdade revelada que recebemos na própria palavra de Deus simplesmente diz que é assim. Mas talvez todos tenhamos um pouco de medo de aceitar essa verdade na sua acachapante simplicidade, pois as consequências dela em nossas vidas são terríveis e maravilhosas.

Significa, por exemplo, que cada momento da nossa vida tem um propósito, que cada ação nossa, não importa o quão rotineira, sem graça ou trivial possa parecer, tem uma dignidade e um valor além da compreensão humana. Nenhuma vida humana é insignificante diante de Deus, nem os trabalhos dos homens são insignificantes – não importa o que o mundo, os vizinhos, a família ou os amigos possam pensar. Mas que terrível responsabilidade isso implica. Pois significa que nenhum momento pode ser desperdiçado, nenhuma oportunidade perdida, uma vez que tudo tem um propósito na vida do homem e nos planos de Deus. Pense no seu dia, hoje ou ontem. Pense no trabalho que você realizou, nas pessoas que você conheceu, momento a momento. O que significou para você – e o que pode ter significado para Deus? Essa pergunta é simples demais para ser respondida, ou temos medo de perguntar porque tememos a resposta que teremos de dar?

EPÍLOGO

Hoje em dia fala-se muito de paz, comprometimento e realização. Mas ninguém pode conhecer maior paz, ser mais comprometido, ninguém pode alcançar um senso de realização mais completo na vida do que o homem que acredita nessa verdade da fé e que se esforça diariamente para pô-la em prática. Se tudo isso parece simples demais, você só precisa tentar pôr em prática para ver como é difícil. Mas você só precisa pôr em prática para também descobrir a alegria, a paz e a felicidade que traz. Pois o que pode perturbar a alma que aceita cada momento de cada dia como um presente das mãos de Deus e se esforça para fazer sempre a vontade dEle? *Se Deus é por nós, quem será contra nós?* (Rom 8, 31). Nada, nem mesmo a morte, pode separar-nos de Deus. Nada pode tocar-nos sem vir da mão dEle; nada pode perturbar-nos porque todas as coisas vêm da sua mão. Isso é simples demais, ou somos nós que temos medo de acreditar, de aceitar totalmente e viver essa verdade em cada detalhe das nossas vidas, rendendo-nos a ela num compromisso total? É a principal questão da fé, e cada um de nós deve respondê-la por si, no íntimo do coração e nas profundezas da alma. Mas responder que sim significa conhecer a paz, descobrir na vida um significado que ultrapassa toda compreensão.

Esse é o único segredo que descobri. Não é só meu; o próprio Cristo falou disso, os santos o praticaram, outros escreveram a respeito bem melhor do que eu. Só posso esperar que o que escrevi toque o coração de alguns e possa ajudar outros, por poucos que sejam. E rezo para que você seja um deles.

Direção geral
Renata Ferlin Sugai

Direção editorial
Hugo Langone

Produção editorial
Juliana Amato
Gabriela Haeitmann
Ronaldo Vasconcelos

Capa
Camila Lavôr

Diagramação
Sérgio Ramalho

ESTE LIVRO ACABOU DE SE IMPRIMIR
A 27 DE NOVEMBRO DE 2023,
EM PAPEL IVORY SLIM 65 g/m².